# Inhaltsverzeichnis (1)





Beispiel Definition Hinweis/Beachte Merke Streit Struktur/Prüfungsaufbau

# Inhaltsverzeichnis (2)





Beispiel · Definition · Hinweis/Beachte · Merke · Streit · Struktur/Prüfungsaufbau

# Inhaltsverzeichnis (3)

# Baufreiheit, Gesetzgebungskompetenz

## Baufreiheit

Das Eigentumsgrundrecht (Art. 14 GG) umfasst das Recht, das Eigentum an Grund und Boden baulich zu nutzen („Baufreiheit"). Das öffentliche Baurecht orientiert die Bodennutzung am allgemeinen Wohl. Deswegen besteht die Baufreiheit von vornherein nur in den Grenzen, die das öffentliche Baurecht zieht (BauGB, BauNVO, LBauO). Die baurechtlichen Vorschriften sind Inhalts- und Schrankenbestimmungen des Eigentums (Art. 14 I 2 GG). Unmittelbar aus Art. 14 GG kann der Bauherr kein Baurecht ableiten.

## Gesetzgebungskompetenz

- **Bund:** Nach Art. 74 I Nr. 18 GG besitzt der Bund die konkurrierende Gesetzgebungskompetenz für das Bodenrecht. Zu ihm gehört etwa das Recht der flächenbezogenen städtebaulichen Planung **(BauGB, BauNVO)**.
- **Länder:** Die 16 Landesbauordnungen **(LBauO)** sind objektbezogen. Ihre Regelungen dienen der Gefahrenabwehr und gehören zum (Sonder-)Ordnungsrecht/Gefahrenabwehrrecht, für das ausschließlich die Länder nach Art. 70 GG gesetzgebungskompetent sind. In den LBauO sind außerdem die Organisation, das Verfahren und die Genehmigungs- bzw. Eingriffsbefugnisse der zuständigen Behörden geregelt.
- **Gemeinden:** Sie üben ihre Planungshoheit (Art. 28 GG) aus, indem sie v.a. Bebauungspläne (BPlan) und Flächennutzungspläne (FPlan) als örtliches Baurecht erlassen (§§ 5, 10 BauGB).

Neben diesen bauspezifischen Rechtsquellen spielt häufig das **übrige öffentliche Recht** für die Baurechtmäßigkeit eine Rolle (BImSchG, WasserR, StraßenR, NaturSchR usw.).

# Baurechtliches Grundschema

Das Bauvorhaben ist rechtmäßig, soweit es nicht gegen die Vorschriften des BauGB i.V.m. der BauNVO und ggf. den BPlan sowie gegen die LBauO verstößt und auch im Übrigen mit den öff.-rechtl. Vorschriften in Einklang steht.

**I. Bauordnungsrechtliche Rechtmäßigkeit nach LBauO**

V.a. Einhaltung des Genehmigungsverfahrens; materielle Anforderungen der LBauO (⌕ Stellplätze)

**II. Bauplanungsrechtliche Rechtmäßigkeit**

- Das Vorhaben (§ 29 I BauGB) darf den städtebaulichen Vorgaben der §§ 30–35 BauGB (i.V.m. BauNVO und ggf. dem BPlan) nicht widersprechen (verkürzt: „materielle Legalität").
- Lage des Baugrundstücks
  - Im BPlan-Gebiet ⇨ § 30 BauGB („Plangebiet", „beplanter Bereich")
  - BPlan fehlt oder ist unwirksam, aber Baugrundstück liegt „in schon besiedeltem Gebiet" ⇨ § 34 BauGB („unbeplanter Innenbereich")
  - Baugrundstück liegt in keinem dieser Gebiete ⇨ § 35 BauGB („Außenbereich")
- Einzelfallumstände (bisherige Prüfung: typisiert): Wegen Einzelfallumständen …
  - … ausnahmsweise zulässig ⇦ § 31 BauGB: Abs. 1 – Ausnahme, Abs. 2–3 – Befreiung
  - … doch unzulässig ⇦ Gebot der Rücksichtnahme z.B. § 15 BauNVO

**III. Sonstige öff.-rechtl. Vorschriften eingehalten: z.B. BImSchG, NatSchG, DenkmalschG**

# Wichtige baurechtliche Normen (1)

## BauGB und BauNVO

| BauGB | Inhalt |
|---|---|
| § 29 I | Einstiegsnorm „Tor“ zu §§ 30, 34, 35 BauGB |
| § 30 I u. III | Vorhaben im **BPlan-Gebiet** |
| § 31 | **Ausnahmen** und **Befreiungen** |
| § 34 I u. II | **Unbeplanter Innenbereich**, insb. in Baugebiet der **BauNVO** (Art) |
| § 35 I–III | Vorhaben im **Außenbereich** |
| § 36 | **Einvernehmen der Gemeinde** |
| § 212a I | **Keine aufschiebende Wirkung** von Nachbarrechtsbehelfen |

| BauNVO | Inhalt |
|---|---|
| § 1 III | **Einbeziehung** der BauNVO in den BPlan |
| §§ 3–11 | **Baugebiete** |
| §§ 12–14 | Stellplätze, freie Berufe, Nebenanlagen |
| § 15 | Einschränkungen im Einzelfall aus Gründen der **Rücksichtnahme** |
| § 22 | Bauweise |

# Wichtige baurechtliche Normen (2)

## Landesbauordnungen

| Inhalt | Normen der LBauO |
|---|---|
| Bauaufsichtsbehörde | BW: §§ 46–48; BY: Art. 53; Bln: § 1 AG-BauGB, § 4 AZG, § 2 IV ASOG, § 58 BauO; BB: § 57; Bre: §§ 57, 58; Hmb: § 58 BauO, § 3 BezVG; He: §§ 60, 61; MV: §§ 57 f.; Nds: § 57; NRW: §§ 57 f.; RP: §§ 58, 60; Saar: §§ 57–59; Sachs: § 57 I; LSA: § 56; SH: § 58; TH: § 57 |
| Baugenehmigung | BW: § 58; BY: Art. 68; Bln: § 71; BB: § 72; Bre: § 72; Hmb: § 72; He: § 74; MV: § 72; Nds: § 70; NRW: § 74; RP: § 70; Saar: § 73; Sachs: § 72; LSA: § 71; SH: § 72; TH: § 71 |
| Bauvorbescheid | BE: § 57; BY: Art. 71; Bln: § 75; BB: § 75; Bre: § 75; Hmb: § 63; He: § 76; MV: § 75; Nds: § 73; NRW: § 77; RP: § 72; Saar: § 76; Sachs: § 75; LSA: § 74; SH: § 75; TH: § 74 |
| Bauordnungsverfügungen (v.a. Baueinstellung, Nutzungsuntersagung, Beseitigung) | BW: §§ 64, 65; BY: Art. 75, 76; Bln: §§ 79, 80; BB: §§ 79, 80; Bre: §§ 78, 79; Hmb: §§ 75, 76; He: §§ 81, 82; MV: §§ 79, 80; Nds: § 79; NRW: §§ 81, 82; RP: §§ 80, 81; Saar: §§ 81, 82; Sachs: §§ 79, 80; LSA: §§ 78, 79; SH: §§ 79, 80; TH: §§ 78, 79 |

# Baugenehmigung (1)

- **Baugenehmigungspflichtigkeit:** Grds. ist jedes Bauvorhaben baugenehmigungspflichtig. Bei den meisten Bauvorhaben werden nur die wichtigsten baurechtlichen Normen von der Bauaufsicht geprüft. Untergeordnete Vorhaben sind ganz verfahrensfrei (🔍 Gartenlauben, kleine Werbeanlagen), einfache Vorhaben oft nur anzeigepflichtig (🔍 Ein-/Zweifamilienhäuser im BPlan-Gebiet).
- Die BauGen ist ein **präventives Verbot** mit Erlaubnisvorbehalt. Der Bauherr hat einen gebundenen **Anspruch** auf Erteilung der BauGen, wenn dem Vorhaben öff.-rechtl. Vorschriften nicht entgegenstehen, die im bauaufsichtlichen Genehmigungsverfahren zu prüfen sind.

| | | | | | | | | | | | | | | | |
|---|---|---|---|---|---|---|---|---|---|---|---|---|---|---|---|
| 58 | 68 | 71 | 72 | 72 | 72 | 74 | 72 | 70 | 74 | 70 | 73 | 72 | 71 | 72 | 71 |

- Die BauGen ist ein 1. mitwirkungsbedürftiger, 2. gebundener, 3. feststellender, 4. gestaltender, 5. grundstücksbezogener Verwaltungsakt mit Doppelwirkung.
- Die BauGen ist ein VA mit **Doppelwirkung** (§ 80a VwGO): sie begünstigt den Bauherren und belastet den Nachbarn. **Feststellender** Teil: das Vorhaben verstößt nicht gegen zu prüfende öff.-rechtl. Vorschriften. **Verfügender** Teil: hebt das Bauverbot auf („Baufreigabe"). **Nebenbestimmungen** (§ 36 VwVfG) sind möglich.
- Nach Ablauf der Bearbeitungsfrist (LBauO) gilt die BauGen in vereinfachtem Verfahren in 12 von 16 Ländern als erteilt **(Fiktion)**. Nach drei oder vier Jahren (je nach Land) **erlischt** sie, wenn das Vorhaben nicht verwirklicht wird oder das Gebäude zerstört ist.

# Baugenehmigung (2)

**Legalisierungswirkung** der BauGen

Der Bauherr darf auch dann noch bauen, wenn das Vorhaben zwischenzeitlich nicht mehr genehmigungsfähig ist (🔍 Gemeinde hat den BPlan geändert).

Das einmal genehmigungskonform errichtete Gebäude muss heute nicht mehr rechtmäßig sein. Eingriffe aufgrund von späteren Rechtsänderungen sind grds. unzulässig.

**Rechtssicherheit für den Bauherrn**
(soweit die Bauaufsicht geprüft hat)

# Baugenehmigung (3)

## Formelle Voraussetzungen der Baugenehmigung

- **Sachlich** zuständig ist in den Flächenländern die (untere) Bauaufsichtsbehörde (s. Synopse LBauO), also Kreis, kreisfreie oder größere kreisangehörige Stadt (Bln: Bezirke, Hmb: Bezirksämter). Größere Städte sind also selbst Bauaufsichtsbehörde und entscheiden damit eigenständig über Bauvorhaben auf ihrem Stadtgebiet, während über die Bauvorhaben in kleineren Gemeinden nicht diese selbst, sondern der Landrat oder eine andere übergeordnete Behörde entscheidet.
- Die **örtliche** Zuständigkeit folgt aus der LBauO/§ 3 LVwVfG und richtet sich nach der Lage des Baugrundstücks.
- Die **schriftlich/elektronisch** erteilte BauGen ergeht nur auf **Antrag**, dem die Baupläne beigegeben sein müssen. Als grundstücksbezogener VA bindet sie den jew. Eigentümer (Rechtsnachfolger). Der Bauherr trägt die **Beweislast** dafür, dass die BauGen besteht, wenn ihre Existenz unklar ist.
- **Beteiligt** werden müssen Nachbarn, die von der Bauaufsichtsbehörde verschiedene Gemeinde und andere Fachbehörden.
- Die Baugenehmigung gilt **mehrere Jahre**. Sie **erledigt** sich bei abweichender Bauausführung und Zerstörung des Gebäudes.

# Baugenehmigungspflichtige Vorhaben

**Baugenehmigungspflichtig:** Errichtung, Änderung, Nutzungsänderung und in manchen Ländern auch der Abbruch/Besetigung baulicher Anlagen.

| 49 | 55 | 59 | 59 | 59 I | 59 I | 62 | 59 I | 59 | 60 | 61 | 60 | 59 | 58 I | 59 | 59 |
|---|---|---|---|---|---|---|---|---|---|---|---|---|---|---|---|

- **Bauliche Anlage:** Legaldefinition in § 2 aller LBauO. Eine feste Verbindung mit dem Boden muss nicht vorliegen, eigene Schwere genügt, die mittelbare Verbindung reicht aus (🔎 Bauernhaus). Der bauordnungsrechtliche ist vom bauplanungsrechtlichen Anlagenbegriff zu unterscheiden.
- **Errichtung:** erstmalige Herstellung eines Bauwerks oder die Wiederherstellung einer zerstörten Anlage. **Änderung:** der vorhandene Baubestand wird in seiner Substanz umgestaltet (Umbau, Ausbau, Teilabbruch). **Abbruch:** endgültige Beseitigung.
- **Nutzungsänderung:** nur der bisherige Zweck der baulichen Anlage, nicht deren Substanz, wird verändert (🔎 Bäckerei zu Sonnenstudio). Die **Variationsbreite** der BauGen muss überschritten sein. Das ist der Fall, wenn das geänderte Vorhaben jetzt bauplanungs- oder bauordnungsrechtlich (z.B. mit Blick auf die Nachbarn) anders zu beurteilen sein kann ⇦ „Genehmigungsfrage neu aufgeworfen?".
- **Freigestellte/anzeigepflichtige** Vorhaben: der Bauherr kann trotzdem eine BauGen beantragen, um deren Legalisierungswirkung herbeizuführen.

| 50 f. | 57 f. | 60-62 | 60-62 | 60-62 | 60 | 63 f. | 61 f. | 60-62 | 62 f. | 62, 67 | 60-63 | 61 f. | 60 f. | 60 ff. | 60 f. |
|---|---|---|---|---|---|---|---|---|---|---|---|---|---|---|---|

# Materielle Baurechtmäßigkeit; baul. Anlage

## Prüfprogramm nach Lage des Baugrundstücks

- **BPlan-Gebiet** ⇨ §§ 30, 33 BauGB – Grundstück innerhalb eines wirksamen BPlans
- **(unbeplanter) Innenbereich** ⇨ § 34 BauGB – Grundstück in tatsächlich bebautem Gebiet, für das es keinen BPlan gibt oder dessen BPlan unwirksam ist
- **Außenbereich** ⇨ § 35 BauGB – alle Grundstücke, die nicht unter §§ 30 I, II, 34 BauGB fallen (nicht notwendig „in freier Natur")

## Bauliche Anlage

- Die §§ 30–35 ff. BauGB sind nur **anwendbar**, wenn eine bauliche Anlage i.S.v. § 29 I BauGB gegeben ist.
- **Bauliche Anlage** i.S.v. § 29 I BauGB:
  - **Bauten:** alle baulichen Anlagen i.S.v. § 2 LBauO ⇦ *weites* Merkmal
  - **bodenrechtliche** (= städtebauliche) **Relevanz:** die Anlage kann die Belange des § 1 VI BauGB so berühren, dass bei einer gedachten Häufung ihres Vorkommens ein Bauplanungsbedürfnis entsteht ⇦ *einschränkendes* Merkmal

    🔎 gesunde Wohn- und Arbeitsverhältnisse (oft!)
- Der **bauordnungs- und der bauplanungsrechtliche Anlagenbegriff** sind weitgehend deckungsgleich. Nur bei fingierten Anlagen (§ 2 LBauO) und Kleinvorhaben (z.B. kleines Werbeschild) ist der bauordnungsrechtliche Anlagenbegriff umfassender als der bauplanungsrechtliche.

# FPlan, BPlan

## Flächennutzungsplan (FPlan)

Der für das gesamte Gemeindegebiet geltende **Flächennutzungsplan** (FPlan, §§ 5 ff. BauGB) beschreibt das städtebauliche Entwicklungsprogramm der Gemeinde und dient als vorbereitende Bauleitplanung. Der FPlan ist keine Rechtsnorm, sondern eine **verwaltungsinterne Maßnahme eigener Art**. Er begründet grds. keine Rechte für den Bürger, bindet aber die Gemeinde bei der Aufstellung ihrer BPläne (§ 8 II 1 BauGB).

Ausnahmen: § 35 III 1 Nr. 1 BauGB und § 35 III 3 BauGB (Windenergie)

## Bebauungsplan (BPlan)

Ein **Bebauungsplan** (BPlan) ist eine gemeindliche Satzung (§ 10 I BauGB – anders Stadtstaaten), die als Rechtsnorm gegenüber jedermann gilt (§ 1 II BauGB: „verbindlicher Bauleitplan"). „Parzellenscharf" setzt er für jedes Grundstück seines Plangebiets fest, was bauplanungsrechtlich erlaubt ist. Die beigefügte (§ 9 VIII BauGB) **textliche Begründung** (§ 2a BauGB) ist nicht verbindlich, kann aber der Auslegung dienen.

# BauNVO (1)

## 1. Funktion und Anwendbarkeit der BauNVO in der Fallbearbeitung

- Welche **Festsetzungen** im BPlan möglich sind, ergibt sich aus § 9 BauGB, konkret aus der BauNVO (⇦ § 9a BauGB). Die wichtige Art der baulichen Nutzung wird gem. § 1 III 1 BauNVO durch die Festsetzung eines der in § 1 II BauNVO aufgezählten Baugebiete bestimmt (§§ 1–11 BauNVO).

  Allgemeines Wohngebiet (WA), Mischgebiet (ME), Kerngebiet (MK), Gewerbegebiet (GE) usw.
- Gem. § 1 III 2 BauNVO werden die §§ 2–14 BauNVO durch die Festsetzung eines Baugebiets zum Bestandteil des BPlans ⇨ *Subsumtion unter die BauNVO, nicht Anwendung des gezeichneten BPlans.*

## 2. Aufbau der §§ 2–9 BauNVO

Die §§ 2–9 BauNVO sind parallel aufgebaut:

– Abs. 1: allgemeine Zweckbestimmung/Eigenart des Baugebiets ⇦ bei Zweifeln wichtig für die Auslegung

– Abs. 2: Regelbebauung – diese Nutzungen sind allgemein zulässig ⇦ Anspruch auf Zulassung

– Abs. 3: Ausnahmebebauung – Zulassung nach Ermessen ⇦ § 31 I BauGB

## 3. Weitere **klausurwichtige** Vorschriften

- §§ 12–14 BauNVO: Stellplätze, freie Berufe, Ferienwohnungen, Nebenanlagen
- **Maß** der baulichen Nutzung: §§ 16–21a BauNVO
- Offene oder geschlossene **Bauweise** § 22 BauNVO

Begrifflich

**4. Prüfungsfolge: Art** der baulichen Nutzung

(1) Regel- oder Ausnahmebebauung nach §§ 2 ff. BauNVO

Prüfung nur nach **begrifflicher** Übereinstimmung

Ein Feuerwehrgerätehaus ist eine Anlage für Verwaltungen (§ 4 III 3 BauNVO); ein großes Dialysezentrum ist eine Anlage für gesundheitliche Zwecke (§ 4 II Nr. 3 BauNVO)

Typisierend

(2) **„Gebot der Gebietsverträglichkeit"** (**ungeschriebenes** Tatbestandsmerkmal)

Typisierend (verallgemeinernd) wird beurteilt, ob ein typisches Bauvorhaben dieser Art in einem typischen betroffenen Baugebiet regelhaft oder ausnahmsweise zulässig ist. ⚠ Nicht: das konkrete Bau -vorhaben/das konkrete Baugebiet. Das Vorhaben ist gebietsunverträglich, wenn es aufgrund seiner typischen Nutzungsweise generell geeignet ist, den Baugebietszweck zu stören.

Ein typisches Feuerwehrgerätehaus ist in einem typischen WA ausnahmsweise zulässig, weil die Feuerwehr nah an den Wohnhäusern liegen muss; ein typisches Dialysezentrum ist in einem typischen WA nicht gebietsverträglich, weil es im Regelfall viel wohnruhestörenden Verkehr auslöst

Einzelumstände

(3) Im Einzelfall kann nach § 31 II, III BauGB von den Festsetzungen **befreit** werden, wenn das **konkrete** Vorhaben doch nicht gebietsunverträglich ist

(4) **Einzelfallkorrektur**

(a) § 15 I 1 BauNVO: zwar typisierend gebietsverträglich, Vorhaben widerspricht nach den konkreten Umständen aber der Eigenart des konkreten Baugebiets

Feuerwehrgerätehaus im WA mit Einsatzwagen für das gesamte Stadtgebiet

(b) § 15 I 2 BauNVO (Rücksichtnahmegebot); verhindert Vorhaben, die wegen ihrer konkreten Ausführung mit unzumutbaren Belästigungen oder Störungen verbunden oder diesen ausgesetzt sind

# Prüfungsaufbau Baugenehmigung

I. **Anspruchsgrundlage:** Baugenehmigungsnorm der LBauO

II. **BauGen erforderlich:** nach LBauO grds. ja, außer ausnahmsweise genehmigungsfrei

III. Anspruch auf Erteilung besteht, wenn dem Bauvorhaben **keine öff.-rechtl. Vorschriften entgegenstehen**, die nach LBauO zu prüfen sind

1. Vorhaben **formell** rechtmäßig beantragt
   a) **sachliche** Zuständigkeit der unteren Bauaufsichtsbehörde nach LBauO
   b) **örtliche** Zuständigkeit nach LBauO, allgemeinem Ordnungsrecht oder § 3 LVwVfG
   c) **schriftlicher/elektronischer Antrag** eines nach LBauO Bauvorlageberechtigten
   d) **keine Zurückstellung** nach § 15 BauGB
2. Vorhaben **materiell rechtmäßig** (v.a. bauordnungs- und bauplanungsrechtlich)
   a) **Vorhaben** (Errichtung, Änderung, Nutzungsänderung, teils Abbruch) einer baulichen Anlage
   b) bau**planungs**rechtliche Zulässigkeit gem. §§ 29–35 BauGB, ggf. Veränderungssperre, §§ 14 ff. BauGB
   c) bau**ordnungs**rechtliche Zulässigkeit gem. LBauO
   d) sonstige öff.-rechtl. **Fachgesetze** (z.B. BImSchG, DenkmalSchG, BNatSchG), soweit nach LBauO zu prüfen
   e) falls Standardgemeinde nicht Baugenehmigungsbehörde ist: **Einvernehmen der Gemeinde** nach § 36 I BauGB erteilt; beschränkter Prüfungsumfang: §§ 31 ff. BauGB; im Prozess: Beiladung der Gemeinde, rechtswidrig verweigertes Einvernehmen wird durch Urteil ersetzt

# Zulässigkeit im BPlan-Gebiet (§ 30 BauGB)

- § 30 BauGB regelt die planungsrechtl. Zulässigkeit, wenn das Baugrundstück im Bereich eines qualifizierten (Abs. 1), einfachen (Abs. 3) oder vorhabenbezogenen **BPlans** (Abs. 2) liegt.
  - Der BPlan ist **qualifiziert**, wenn er alle vier in § 30 I BauGB genannten Festsetzungsarten enthält. Ein Vorhaben darf keiner Festsetzung widersprechen. Ein Rückgriff auf § 34 BauGB („einfügen") ist ausgeschlossen. **Erschließung:** Strom, Wasser, Straßenanbindung.
  - Fehlt eine der vier Festsetzungsarten, liegt ein **einfacher** BPlan vor: Lückenhafte/fehlende Festsetzungen werden über eine ergänzende Anwendung von §§ 34, 35 BauGB geschlossen.
- Das Bauvorhaben entspricht
  - der **Regelbebauung** (Abs. 2 der §§ 2 ff. BauNVO) ⇨ Anspruch auf Zulassung
  - nur der **Ausnahmebebauung** (Abs. 3 der §§ 2 ff. BauNVO) ⇨ ermessensfehlerfreie Entscheidung (§ 31 I BauGB)
  - Gebietserträglichkeit
- Aufgrund der Einzelfallumstände kann eine an sich planwidrige Nutzung nach § 31 II, III BauGB durch Befreiung zulässig, eine an sich plangemäße Nutzung nach § 15 I BauNVO unzulässig sein (⇦ **Einzelfallgerechtigkeit**).

**BauNVO**

| **allgemein *zulässig*, §§ 2–11 BauNVO (Absätze 2)** | ***ausnahmsweise* zulässig, §§ 2–11 BauNVO (Absätze 3)** | **allgemein *unzulässig* nach BauNVO** |
|---|---|---|
| Ggf. zulässig nach **§ 30 BauGB**<br>im Einzelfall aber unzulässig, wenn Gebot der Rücksichtnahme verletzt, § 15 I 2 BauNVO | Ggf. zulässig nach **§ 31 I BauGB**<br>wenn nicht (schon) nach § 15 I 2 BauNVO unzulässig | Ggf. zulässig nur nach **§ 31 II, III BauGB**<br>aber wiederum Gebot d. Rücksichtnahme, § 31 II u. III jew. a.E. BauGB |

# Ausnahme und Befreiung (§ 31 BauGB)

- § 31 I BauGB verleiht bei **ausnahmsweise** zulässigen Nutzungsarten nur einen Anspruch auf ermessensfehlerfreie Entscheidung. Der diesbzgl. Antrag kann im Bauantrag unausgesprochen enthalten sein. Ist der Ausnahmetatbestand (jew. Abs. 3 der §§ 2 ff. BauNVO) erfüllt, reduziert sich das Ermessen auf Null.

  ⚠ Gebietsverträglichkeit (⧉ 12)

- Ist ein Vorhaben weder rgm. noch ausnahmsweise zulässig, kommt zuletzt eine **Befreiung** (Dispens) nach § 31 II BauGB in Betracht. Der diesbzgl. Antrag kann im Bauantrag enthalten sein (je nach LBauO).

**Prüfungsfolge § 31 II BauGB**

1. **Grundzüge** der Planung sind nicht berührt
2. Vorliegen eines der drei **Befreiungstatbestände** Nr. 1–3 (Wohl der Allgemeinheit oder städtebauliche Vertretbarkeit oder unbeabsichtigte Härte)
3. Würdigung der **nachbarlichen** Interessen
4. Abweichung mit **öffentlichen Belangen** (v.a. § 1 V, VI BauGB) vereinbar
5. Rechtsfolge: **ermessensfehlerfreie Entscheidung** (gemeindliches Einvernehmen gem. § 36 BauGB beachten); Ermessen wg. Art. 14 GG und engen TBV rgm. auf Null reduziert

⚠ **Klausurhinweis:** Eine Befreiung nach § 31 II BauGB scheidet normalerweise aus, weil die dazu nötigen Einzelheiten den Aufgabentext sprengen und die Befreiung die genaue Prüfung der Anforderungen an die Regel- und Ausnahmenutzung unterlaufen würde. *Formulierung:* „Anhaltspunkte dafür, dass eine Befreiung nach § 31 II BauGB erteilt werden könnte, fehlen." § 31 III BauGB regelt einen Sonderfall (nur bis 2026, § 201a S. 8 BauGB).

# Bauvorbescheid

- Eine BauGen ist wegen der zu beteiligenden Fachleute aufwändig, das Verfahren oft langwierig. Der Bauvorbescheid kann dagegen schnell, kostengünstig und verbindlich einzelne Fragen beantworten.

| | | | | | | | | | | | | | | | |
|---|---|---|---|---|---|---|---|---|---|---|---|---|---|---|---|
| 57 | 71 | 75 | 75 | 75 | 63 | 76 | 75 | 73 | 77 | 72 | 76 | 75 | 74 | 75 | 74 |

- Zulässig sind Fragen, über die im **Baugenehmigungsverfahren** entschieden wird. Abstrakte Fragen sind unzulässig.

  **Erlaubt:** Vorhaben zulässig nach § 34 BauGB? Vereinbarkeit mit LBauO?
  **Nicht erlaubt:** Liegt das Baugrundstück im Innenbereich?

- Soweit die gestellten (baurechtlichen) Fragen reichen, entscheidet der 2–4 Jahre geltende Bauvorbescheid im Verhältnis zur BauGen **abschließend** über sie. Er **bindet** Bauaufsicht, Nachbarn und Gemeinde. Gegen **spätere Rechtsänderungen** setzt sich der Bauvorbescheid durch (z.B. neuer BPlan). Er ist ein **vorweggenommener Teil** des feststellenden Ausspruchs der BauGen, erteilt aber **keine Baufreigabe**.

## Verhältnis Bauvorbescheid/Baugenehmigung

- Die spätere BauGen teilt den Inhalt eines **bestandskräftigen Vorbescheids** nur nachrichtlich mit, ist insofern also nicht mehr anfechtbar.
- Die in einem **nicht bestandskräftigen** (angefochtenen) Bauvorbescheid getroffenen Regelungen übernimmt die BauGen dagegen und macht sie (erneut) anfechtbar. ⇨ Sowohl der Vorbescheid als auch die BauGen müssen angefochten werden; die Anfechtungsklage gegen den Vorbescheid erledigt sich nicht, wenn die BauGen ergeht.

# Gemeindliches Einvernehmen (§ 36 BauGB)

- Ist die Gemeinde, in deren Gebiet das Baugrundstück liegt, nicht die Baugenehmigungsbehörde (sondern z.B. der Kreis), muss diese deren **Einvernehmen** einholen, § 36 I 1 BauGB ⇦ Schutz der gemeindlichen Planungshoheit und Selbstverwaltungsgarantie (Art. 28 II 1 GG). Ausnahme: B-Plan-Gebiet.
- Die Gemeinde darf das Einvernehmen **nur aus den Gründen der §§ 31, 33–35 BauGB verweigern**. Sie darf also nur prüfen, ob deren Tatbestandsmerkmale erfüllt sind (reine Rechtsprüfung). Ein erteiltes Einvernehmen bindet die Baugenehmigungsbehörde nicht, sie muss selbst voll prüfen **(„Zwei-Schlüssel-Prinzip“)**. Das (auch fingierte, § 36 II 2 BauGB) Einvernehmen ist **nicht widerruflich**.
- Das versagte Einvernehmen kann nach § 36 II 3 BauGB **behördlich ersetzt** werden. Gegenüber der Gemeinde ist die Ersetzung ein anfechtbarer VA. Soweit der VA als kommunalaufsichtl. Ersatzvornahme wirkt, ist er sofort vollziehbar ⇨ § 80 V VwGO der Gem., um die Ausnutzung der BauGen zu verhindern.

|  |  |  |  |  |  |  |  |  |  |  |  |  |  |  |  |
|---|---|---|---|---|---|---|---|---|---|---|---|---|---|---|---|
| 54 I II–IV | 67 | – | 71 I 1 | – | – | 27 III BauGB-AV | 71 | 2 Nr.1 DVO-BauGB | 73 | 71 I | 72 I | 71 III 1 | 70 I | 71 | 70 I |

- Eine ohne gemeindliches Einvernehmen erteilte BauGen kann die **Gemeinde anfechten**. Die Klage ist wegen dieses Verfahrensmangels immer begründet (absolutes Verfahrensrecht, § 46 VwVfG gilt nicht).
- **Prozessual:** Bei versagtem Einvernehmen muss der Bauherr die Baugenehmigungsbehörde verklagen. Das Gericht lädt die Gemeinde bei und prüft, ob sie das Einvernehmen rechtmäßig versagt hat. Ein obsiegendes Verpflichtungsurteil ersetzt im Ergebnis das versagte Einvernehmen, weil die **Rechtskraft** des Urteils die **beigeladene Gemeinde** gem. §§ 121 Nr. 1, 65 II, 63 Nr. 3 VwGO **bindet**.

# Sicherung der Bauleitplanung (1)

## Veränderungssperre

- Um ihre städteplanerischen Vorstellungen zu sichern, kann die Gemeinde eine **Veränderungssperre** (§ 14 BauGB) beschließen, sobald sie einen BPlan aufstellen will (langwierig). Ein Bauantrag würde sich bis zum BPlan-Beschluss nach §§ 34, 35 BauGB richten und das zu genehmigende Vorhaben könnte die Planungsabsichten der Gemeinde durchkreuzen. Die als Satzung (§ 16 I BauGB) ergehende Veränderungssperre lässt Vorhaben für ihre Geltungsdauer (§ 17 I BauGB: zwei Jahre) unzulässig werden.

  **Rechtsfolgen:** ⇨ Ein Bauantrag muss (endgültig) abgelehnt werden.
  ⇨ Nicht genehmigungsbedürftige Bauvorhaben können untersagt werden.

- **Voraussetzungen** der Veränderungssperre
  - **Aufstellungsbeschluss** (KommunalR) für einen BPlan einschl. öff. Bekanntmachung (§ 2 I 2 BauGB)
  - Veränderungssperre muss **erforderlich** sein, um die Bauleitplanung zu sichern
    - Mindestmaß an planerischer Vorstellung für den BPlan muss erkennbar sein
    - reine Negativ-/**Verhinderungsplanung** reicht nicht
  - **Planungsziel** muss mit dem BPlan rechtmäßig erreichbar sein
- Prozessual
  - **Normenkontrolle** (§ 47 VwGO) gegen die Veränderungssperre, ggf. mit Eilantrag kombiniert (§ 47 VI VwGO)
  - **Inzidentprüfung** in der Verpflichtungsklage auf Erteilung der BauGen (Einwand der Unwirksamkeit der Veränderungssperre)

# Sicherung der Bauleitplanung (2)

## Zurückstellung

- Die Zurückstellung (§ 15 BauGB) ist schneller einsetzbar als die Veränderungssperre, die erst ab Rechtsverbindlichkeit der Satzung wirksam wird, wirkt aber nur maximal zwölf Monate. Häufig werden beide Sicherungsmittel hintereinander geschaltet (erst Zurückstellung, dann Veränderungssperre). Die Voraussetzungen der Zurückstellung entsprechen denen der Veränderungssperre.

  **Rechtsfolgen:** ⇨ Es ergeht ein Aussetzungsbescheid (§ 15 I 2 BauGB), keine endgültige Ablehnung.

  ⇨ Eine Verpflichtungsklage wird als „derzeit" unbegründet abgelehnt. Zurückstellung = zureichender Grund für die Nichtbescheidung i.S.d. § 75 VwGO.

- Prozessual
  - **Widerspruch** bzw. **Anfechtungsklage** des Bauherrn gegen den Aussetzungsbescheid
  - aufschiebende Wirkung (§ 80 I VwGO) ⇨ die **sofortige Vollziehung** des Aussetzungsbescheids ist anzuordnen, um der Amtshaftung wegen verzögerter Bescheidung des Bauantrags vorzubeugen
  - **genehmigungsfreie** Vorhaben ⇨ vorläufige **Untersagungsverfügung**, vgl. § 15 I 2 BauGB

## Vollstreckungsgegenklage

Auch nach rechtskräftiger Verurteilung zum Erlass einer BauGen kann eine Veränderungssperre erlassen werden. Vollstreckungsmaßnahmen des Bauherrn gegen die Behörde (vgl. § 172 VwGO) kann diese mit einer **Vollstreckungsgegenklage** (§ 767 I ZPO i.V.m. § 167 I 1 VwGO) abwehren. Das nachträglich in Kraft getretene geänderte Planungsrecht vernichtet bzw. hemmt den rechtskräftig zuerkannten Anspruch. Der bloße Anspruch auf die BauGen ist von Art. 14 GG nicht so geschützt wie die erteilte BauGen.

# Unbeplanter Innenbereich (1)

## Prüfungsfolge

**I. Anwendbarkeit** der §§ 30 ff. BauGB gem. § 29 I BauGB (Vorhaben/bauliche Anlage)

**II.** § 34 BauGB **(unbeplanter Innenbereich)**

1. **kein B-Plan** i.S.d. § 30 I, II BauGB vorhanden
2. „Vorhaben innerhalb der im Zusammenhang bebauten Ortsteile“, § 34 I 1 BauGB
   - a) **Ortsteil:** Bebauungskomplex (Wohnhäuser) ≠ Splittersiedlung
   - b) **im Zusammenhang bebaut:** tatsächlich aufeinanderfolgende Bebauung („Geschlossenheit“)
3. falls Gebiet **BauNVO-Gebiet** entspricht ⇨ **Art** der Nutzung nur nach BauNVO, § 34 II BauGB
   - a) Bauten der Umgebung entsprechen den **Regelbeispielen** der jeweiligen Gebietsnorm
   - b) Maß, Bauweise, überbaubare Grundstücksfläche müssen sich „einfügen“ (s.u. 4 c)
4. falls Gebiet **keinem BauNVO-Gebiet** entspricht ⇨ Vorhaben **fügt sich** in die Eigenart der näheren Umgebung **ein** ≠ verursacht bodenrechtliche Spannungen
   - a) **nähere Umgebung:** Wirkungsbereich des Vorhabens
   - b) **Eigenart:** prägender Rahmen ≠ Untergeordnetes, Fremdkörper
   - c) Einfügen nach Art und Maß der Nutzung: **Vorbild** vorhanden
   - d) **Überschreitung** des prägenden Rahmens ausnahmsweise unerheblich, wenn Situation nicht verschlechtert wird ⇔ trotz Einhaltung des Rahmens kein „Einfügen“, wenn doch **Rücksichtnahmegebot** (aus „einfügen“, § 34 I BauGB) verletzt

# Unbeplanter Innenbereich (2)

## Im Zusammenhang bebauter Ortsteil

Das Vorhabengrundstück muss in einem Bebauungszusammenhang liegen, der einen Ortsteil bildet.

- **Im Zusammenhang bebaut:** Jede tatsächlich aufeinanderfolgende Bebauung, die den Eindruck der Geschlossenheit (= Zusammengehörigkeit) vermittelt. Bebauung sind nur sichtbare Gebäude, die dem dauernden Aufenthalt von Menschen dienen. Kleinere Baulücken oder unbebaubare Flächen (🔍 Bach, Sportplatz) unterbrechen den Zusammenhang nicht. An der Rückwand des letzten Hauses beginnt der Außenbereich.
- **Ortsteil:** Jeder Bebauungszusammenhang (= Häuser) im Gemeindegebiet, der nach der Zahl der vorhandenen Bauten (mind. 6) ein gewisses Gewicht besitzt und Ausdruck einer organischen Siedlungsstruktur ist. Gegenbegriff: „Splittersiedlung" = bloße Anhäufung von Gebäuden/unorganische Streubebauung im Außenbereich (vgl. § 35 III 1 Nr. 7 BauGB).

## Eigenart der näheren Umgebung

Die **nähere Umgebung** wirkt als **BPlan-Ersatz**, an der das Vorhaben gemessen wird. Sie umfasst die angrenzenden Grundstücke und die Grundstücke des Ortsteils, auf die sich das Vorhaben **auswirken** kann ( ⇦ Ausschnitt des Ortsteils). Die tatsächlich vorhandene Bebauung prägt die **Eigenart** der näheren Umgebung.

# Unbeplanter Innenbereich (3)

## Einfügen

Für Art und Maß der Nutzung sowie Bauweise und zu überbauender Grundstücksfläche, ist jeweils gesondert zu prüfen, ob sich das Vorhaben in die Eigenart der näheren Umgebung **einfügt**, § 34 I BauGB.

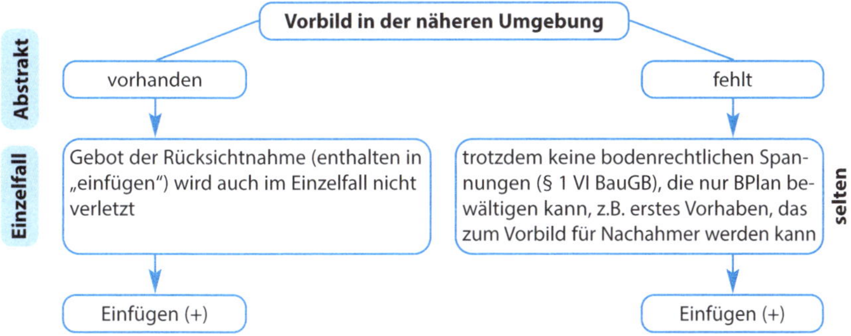


⚠ Die **Art** der Nutzung ist nur bei Gemengelagen, also nicht in § 34 II BauGB-Gebieten (⇨ BauNVO), nach § 34 I BauGB zu prüfen (in Klausuren selten).

# BauNVO (1)

## Begrifflichkeiten

| Nutzung | Definition |
|---|---|
| „Wohngebäude“ (§§ 2–6 BauNVO) | Zum **dauernden Wohnen** geeignet und bestimmt. Kennzeichen: auf Dauer angelegte Häuslichkeit, Eigengestaltung der Haushaltsführung, Freiwilligkeit des Aufenthalts.<br>*Ja:* Seniorenresidenz; *Nein:* Hotel, Asylbewerberheim |
| „nicht störende Handwerksbetriebe“ (§ 2–4 BauNVO, § 5 BauNVO: alle) | **Handwerksbetrieb:** wie Begriff der HandwO; **nicht störend:** verursacht keine nachteiligen Immissionen in der Umgebung (einschl. Verkehr)<br>*Ja:* Friseur, Bäcker, Metzger; *Nein:* Tischlerei/Schreinerei, Metallverarbeiter |
| „Gebiet“ (§§ 2–5 BauNVO) | **festgesetztes** Baugebiet (nicht: nur Wohnblock) |
| „Anlagen für soziale Zwecke“ (§§ 2–7 BauNVO) | **Dienen** i.w.S. der sozialen Fürsorge und der öff. Wohlfahrt<br>*Ja:* Kindergarten, ambul. Pflegedienst, Frauenhaus, Asylbewerberheim |
| „Gewerbe“ (§§ 3–9 BauNVO) | **städtebaulicher** Begriff, nicht der der GewO; Einzelmerkmale können fehlen<br>*Ja:* Einzelne Prostituierte (obwohl kein „Betrieb“) |
| „Vergnügungsstätten“ (§§ 4a–8 BauNVO) | gewinnbringende **Freizeitunterhaltung** unter Ausnutzung des **Sexual-, Spiel- oder Geselligkeitstriebes**<br>*Ja:* Diskotheken, Spielhallen, Wettbüros, Swingerclubs<br>*Nein:* Bordelle (= Gewerbe), Theater, Kinos, Jahrmarkt |
| „Bewohnern oder Versorgung des Gebiets dienen“ (§§ 2–4a, 14 II BauNVO) | zur Befriedigung der gewöhnlichen **Lebensbedürfnisse**; unschädlich, wenn Bewohner anderer Gebiete die Einrichtung auch nutzen |

# BauNVO (2)



## Stellplätze, freie Berufe, Nebenanlagen

- **Stellplätze (§ 12 BauNVO):** regelt die bauplanungsrechtliche Zulässigkeit von Stellplätzen und Garagen. Wer wie viele davon bauordnungsrechtlich herzustellen hat (Stellplatzpflicht), folgt aus der LBauO.
- **Freie Berufe (§ 13 BauNVO):** freie Berufe (vgl. § 18 I 2 EStG) und artgleiche Gewerbe sind in praktisch allen Baugebieten generell zulässig. Je nach Baugebiet nur einzelne Räume oder auch ganze Gebäude.
- **Ferienwohnungen** (§ 13a BauNVO): auch Airbnb usw. ⇨ Zweckentfremdungsgesetze der Länder beachten; differenzierend nach Räumen und ganzen Gebäuden
- **Nebenanlagen (§ 14 BauNVO):** dienen dem primären Nutzungszweck der Grundstücke im Baugebiet und sind funktional und räumlich-gegenständlich („optisch") zu- und untergeordnet. Sie sind zulässig, wenn sie der Eigenart des Baugebiets nicht widersprechen, § 14 I 1 BauNVO. Sie sind unzulässig, wenn von ihnen Belästigungen oder Störungen i.S.v. § 15 I 2 BauNVO ausgehen können.
  - Ställe u.ä. zur **Kleintierhaltung** sind typischerweise Nebenanlagen, § 14 I 2 BauNVO.
  - Private **Windräder** (Windenergieanlagen) für den Eigenbedarf können in aufgelockerter Bauweise zulässig sein, müssen aber so ausgeführt werden, dass die Nachbarn ebenfalls Windräder aufstellen können. Solaranlagen dürfen den erzeugten Strom auch in das öff. Netz einspeisen (§ 14 III BauNVO).
  - **Werbeanlagen** (große Schilder, Beschriftungen, Lichtwerbungen usw.) an der Stätte der Leistung sind Nebenanlagen, soweit sie der Hauptnutzung dienen. Dagegen ist funktionsfremde Suggestiv- und Erinnerungswerbung eine eigenständige bauliche Anlage.

    Eine Plakattafel an der Giebelwand ist eine eigene gewerbliche Hauptnutzung.

# Gebot der Rücksichtnahme (1)

## Kein allgemeines Prinzip

Es gibt **kein allgemeines „Gebot der Rücksichtnahme“**, das als universelle Härteklausel das geschriebene öff. Baurecht überwölbt. Es ist nicht ausdrücklich normiert. Es **fasst nur in einem Begriff zusammen**, was das Gesetz an verschiedenen Stellen in unterschiedlich formulierten Tatbestandsmerkmalen von einem Bauvorhaben an Zurücknahme eigener Interessen verlangt, damit die Interessen von Nachbarschaft und Umgebung gewahrt bleiben.

## Gesetzliche Verortung

| In der Norm … | steckt das Gebot der Rücksichtnahme im TBM … |
|---|---|
| § 34 I 1 BauGB | „einfügen“ |
| § 15 I 1 BauNVO | „der Eigenart des Baugebiets widersprechen“ ⇨ Gebietscharakter bewahren |
| § 15 I 2 BauNVO | „von ihnen Belästigungen oder Störungen ausgehen“ bzw. „sie Belästigungen oder Störungen ausgesetzt werden“<br>Ein Wohnhaus ist in einem allgemeinen Wohngebiet zwar zulässig, aber nicht direkt neben einem großen Sportplatz (weil es selbst gestört würde). |
| § 35 III 1 Nr. 3 BauGB | „schädliche Umwelteinwirkungen hervorrufen kann oder ihnen ausgesetzt wird“ (§ 3 I BImSchG) |
| § 31 II, III BauGB | „unter Würdigung nachbarlicher Interessen“ |

# Gebot der Rücksichtnahme (2)

➲ Der Nachbar kann umso mehr an Rücksichtnahme verlangen, je empfindlicher und schutzwürdiger seine Stellung im gegebenen Zusammenhang ist. Der Bauherr muss umso weniger Rücksicht nehmen, je verständlicher und unabweisbarer die mit dem Vorhaben verfolgten Interessen sind.

## § 15 Abs. 1 BauNVO

*Anwendbarkeit*

- Nur **Art** der Nutzung
- BPlan- oder § 34 II-Gebiet

- Regelhaft zulässig
- Ausnahmsweise zulässig
- Gebietsverträglich

*Abs. 1 S.* ***1***

Die **gebietstypische Prägung** (Abs. 1 der §§ 2–9 BauNVO) muss aufrechterhalten beiben, und zwar (nur) nach Lage, Zahl, Umfang und Zweckbestimmung

*Abs. 1 S.* ***2***

An sich plangemäßes Vorhaben verursacht unzumutbare Belastungen (Bewältigung atyp. Fälle im Planvollzug). Die Konfliktlage muss noch „offen", darf also noch nicht im BPlan abgewogen worden sein. Die „Störungen" werden nach § 3 I BImSchG bewertet.

| *1. Halbsatz* | *2. Halbsatz* |
|---|---|
| Belästigungen und Störungen, die von dem Vorhaben ausgehen ⇨ Abwägung von Verminderungs- und Duldungspflichten (z.B. Vorbelastung) | schützt die vorhandene, formell legalisierte, aber zu Störungen neigende Nutzung. Das (neue) Vor haben darf keinen unzumutbaren Störungen ausgesetzt werden, weil letztere es ihm ermöglichen würden, gegen die genehmigte Altnutzung vorzugehen |

*Rechtsfolge*

Verstoß ⇨ Vorhaben unzulässig. ⇦ Kein Ermessen, kein Beurteilungsspielraum, keine Befreiung (§ 31 II, III BauGB).

# Außenbereich (1)

## Grundprinzip

**Grundanliegen** des § 35 BauGB: den Außenbereich von Bebauung freihalten, weil er der Land- und Forstwirtschaft sowie der Erholung dient. Bauvorhaben müssen zwingend auf eine Lage außerhalb besiedelter Gebiete angewiesen sein (⇦ sinnvoll/wünschenswert genügt nicht). Bei Zweifelsfragen: Es gilt der **Grundsatz der größtmöglichen Schonung des Außenbereichs**.

## Definition

➲ **Außenbereich:** Gebiete, die weder im Gebiet eines qualifizierten oder vorhabenbezogenen BPlans (§ 30 I, II BauGB) noch innerhalb der im Zusammenhang bebauten Ortsteile (§ 34 I 1 BauGB) liegen.

### Prüfungsfolge, § 35 BauGB

I. Baugrundstück im **Außenbereich**

II. **Privilegiertes** Vorhaben, § 35 I BauGB

1. Vorhaben nach **§ 35 I Nr. 1–8 BauGB** (restriktive Auslegung)
2. Öffentliche Belange stehen **nicht entgegen**, § 35 III BauGB
3. **Ausreichende** Erschließung gesichert
4. **Rückbausicherung**, § 35 V BauGB

III. **Sonstiges** Vorhaben, § 35 II BauGB

1. Öffentliche Belange **nicht beeinträchtigt**, § 35 III BauGB (aber: Abs. 4)
2. **Gesicherte** Erschließung

# Außenbereich (2)

## Privilegierte Vorhaben

Der Außenbereich soll grds. den **privilegierten** Vorhaben nach § 35 I BauGB vorbehalten sein, die nur ausnahmsweise unzulässig sind.

- **Landwirtschaft (Nr. 1):** Legaldefiniert in ➲ § 201 BauGB. Maßgeblich: überwiegend **eigene Futtergrundlage**, d.h. das Futter wird zu mehr als 50 % auf eigenen oder langfristig gepachteten Flächen angebaut.
  - **Betrieb:** auf die Erzeugung landwirtschaftl. Produkte in erheblichem Ausmaß ausgerichtet; nötig: **Organisation, auf Generationen** angelegtes lebensfähiges Unternehmen (⇦ Gewinnerzielung); nicht: Hobby-/„Schein"-Landwirtschaft
  - **dienen:** würde ein vernünftiger Landwirt das Bauvorhaben mit gleichem Zweck und gleicher Gestaltung für einen solchen Betrieb errichten? ⇦ nur förderlich reicht nicht, unentbehrlich ist auch nicht nötig
- **Ortsgebundene Betriebe (Nr. 3):** Betrieb kann ausschließlich an der fraglichen Stelle betrieben werden, weil er auf geographische oder geologische Eigenheiten angewiesen ist; bessere Rentabilität reicht nicht.

  Mobilfunksendeanlagen sind nur raum- bzw. gebietsgebunden, aber nicht grundstücksgebunden.
- **Auffangtatbestand Nr. 4:** singuläre Vorhaben, die nicht v.a. individuellen Bedürfnissen dienen
  - **Prüfungsreihenfolge** des § 35 I BauGB: Nr. 1–3, 5–9, 4
  - maßgeblich: kann das konkrete Vorhaben wegen seiner besonderen Zweckbestimmung „hier und so" **sinnvoll** nur im Außenbereich untergebracht werden? Es darf nicht auf einen konkret zu bezeichnenden Innenbereich verwiesen werden können.

# Außenbereich (3)

## Sonstige Vorhaben

➲ Alle Vorhaben, die nicht privilegiert i.S.d. § 35 I BauGB sind, unterfallen den **sonstigen** Vorhaben nach § 35 II BauGB, die fast immer unzulässig sind (= große Mehrheit der Vorhaben).

## Öffentliche Belange, § 35 III BauGB

- **Zweck:** Sicherstellung der Außenbereichsverträglichkeit. Es handelt sich um einen unbestimmten Rechtsbegriff, der voll gerichtlich kontrollierbar ist. Z.B. ImSchR, Natur-/ArtenschutzR.

  ⚠ Die in § 35 III BauGB genannten öff. Belange stehen privilegierten Vorhaben (Abs. 1) fast nie entgegen, während sonstige Vorhaben (Abs. 2) die öff. Belange fast immer beeinträchtigen.

- **Fläche für die Landwirtschaft (Nr. 1):** steht nur sonstigen, nicht privilegierten Vorhaben entgegen
- **schädliche Umwelteinwirkungen (Nr. 3):**
  - **Legaldefinition** § 3 I BImSchG

    🔍 u.a. TA Lärm/TA Luft, DIN-Normen

  - **Gebot der Rücksichtnahme:** in Nr. 3 enthalten; soweit Nachteile nicht von § 3 I BImSchG erfasst sind

    🔍 optisch bedrängende Wirkung; heranrückende Wohnbebauung an Schweinemastbetrieb

- **Splittersiedlungen (Nr. 7):** Zusammenhanglose, unorganische **Streubebauung** = Siedlungsansatz, dem das Gewicht für einen Ortsteil i.S.v. § 34 BauGB fehlt. Das erste Bauvorhaben außerhalb des Innenbereichs genügt („Siedlungssplitter“). Nr. 7 kann auch einem privilegierten Vorhaben entgegenstehen.
- Bei **sonstigen Vorhaben** (Abs. 2) ist bei jeder Nummer zuerst zu prüfen, ob die Beeinträchtigung nach einer der Nummern des **Absatzes 4** ausnahmsweise nicht entgegengehalten werden darf.

# Bestandsschutz

- Der **Bestandsschutz** bezeichnet, wie weit ein bereits lange errichtetes Gebäudes (= Vermögenswert i.S.v. Art. 14 GG) geschützt es, wenn es selbst oder die beabsichtige Maßnahme (Modernisierung, Erweiterung, Wiedernutzung nach langer Zeit usw.) mit heutigem Baurecht nicht (mehr) vereinbar ist.
- Seit der **Nassauskiesungsentscheidung** (BVerfGE 58, 300) gilt der normgeprägte Eigentumsbegriff. Bestandsschutz folgt nicht mehr wie früher unmittelbar aus Art. 14 GG, sondern ausschließlich aus den einfachrechtlichen Normen des öff. Baurechts.
- Der Bestandsschutz **endet** bei Abriss/Zerstörung des Gebäudes.

## Formen des Bestandsschutzes

- **Aktiver** Bestandsschutz: Eine (seit längerer Zeit) bestehende bauliche Anlage soll geändert oder ergänzt werden, um heutigen Anforderungen entsprechend weiter genutzt werden zu können. Die Maßnahme ist nur zulässig, wenn §§ 14 III, 34 III a oder 35 IV BauGB sie erlauben. Nicht genehmigungsbedürftig sind bestandsschützende Maßnahmen, wie Reparaturen, Modernisierungen („neues Bad“) ⇦ Grenze: statische Neuberechnung, Aufwand wie Neubau.
- **Passiver** Bestandsschutz: Abwehr von Ordnungsverfügungen, die auf geänderten Anforderungen beruhen, wenn es nur um die Fortführung der bisherigen Nutzung der baulichen Anlage geht.
  - Eine wirksame BauGen schützt vor Rechtsänderungen („**formeller** Bestandsschutz“/„Legalisierungswirkung“).
  - War ein nicht genehmigtes Vorhaben einige Zeit (3 Monate) materiell baurechtmäßig, ist es gegen Beseitigung/Abriss geschützt („**materieller** Bestandsschutz“).

# Bauordnungsrecht

Die Bauaufsicht prüft nicht nur vor der Verwirklichung eines Vorhabens, sondern überwacht auch unabhängig davon und danach, ob die öff.-rechtl. Bauvorschriften eingehalten werden. Generalermächtigung:

| 47 I 2 | 54 II 2 | 58 I 4 | 58 II 2 | 58 II 2 | 58 I 2 | 61 II 2 | 58 I 2 | 79 | 58 II 2 | 59 I 1 | 57 II 2 | 58 II 2 | 57 II 2 | 58 II 2 | 58 I 2 |
|---|---|---|---|---|---|---|---|---|---|---|---|---|---|---|---|

Bei Verstößen schreitet sie mit Bauordnungsverfügungen ein. Baurechtlicher Standardmaßnahmen sind Stilllegung (🗗 32), Nutzungsuntersagung (🗗 33) und Beseitigungsverfügung (🗗 35).

## Prüfungsfolge Bauordnungsverfügung

**I. Ermächtigungsgrundlage** der LBauO

**II. Formelle** Rechtmäßigkeit

- **1.** Zuständigkeit
- **2.** Verfahren
- **3.** Form

**III. Materielle** Rechtmäßigkeit

- **1.** Verstoß gegen öffentliches Baurecht (formelle/materielle Illegalität)
- **2.** Adressat
- **3.** Rechtsfolge: Ermessen/Verhältnismäßigkeit

# Stilllegung

- Die Stilllegungsverfügung **(„Baustopp“)** verhindert, dass ein Bauwerk weiter errichtet oder geändert wird, wenn die BauGen fehlt oder der Bauherr abweichend von ihr baut.

| 64 | 75 | 79 | 79 | 78 | 75 | 81 | 79 | 79 I 2 Nr. 1 | 81 | 80 | 81 | 79 | 78 | 79 | 78 |
|---|---|---|---|---|---|---|---|---|---|---|---|---|---|---|---|

**TBV**

- Lediglich **formelle Baurechtswidrigkeit** nötig (Anfangsverdacht genügt). Auf die **materielle** Baurechtmäßigkeit kommt es bei genehmigungsbedürftigen Vorhaben nicht an, sondern nur bei genehmigungsfreien. Die Stilllegung schützt v.a. das Genehmigungsverfahren. Vollendete Tatsachen, die später schwer rückgängig zu machen sind, sollen verhindert werden.

**R.-Folge**

- Das **Ermessen** ist rgm. auf Eingreifen **intendiert**. Die Anforderungen an die Ermessensausübung sind gering. Die Stilllegung ist **milder** als die spätere Beseitigung, weil es nicht zu Substanzverlusten kommt (Maßnahmen zur Sicherung der Baustelle bleiben erlaubt).

**R.-Mittel**

- Der **Nachbar** muss den Bau ggf. im Eilrechtsschutz nach § 123 VwGO stilllegen lassen ⇦ bei fortgeschrittenem Bau entfällt das Rechtsschutzbedürfnis, weil die Rechtsverletzung faktisch abgeschlossen ist.

  Ein Abstandsverstoß ist mit Rohbaufertigstellung vollendet.

**Vollstr.**

- Die Stilllegungsverfügung wird mittels **Versiegelung durchgesetzt**. Die Versiegelung ist entweder speziell in der LBauO in der jeweiligen Ermächtigungsnorm vorgesehen oder unterfällt den allgemeinen Vorschriften zu Hilfsmitteln des unmittelbaren Zwangs.

# Nutzungsuntersagung (1)

- Die BauGen wird nicht für eine bauliche Anlage an sich erteilt, sondern zugleich für einen bestimmten Nutzungszweck ⇨ Nutzungsänderungen – auch ohne Baumaßnahme – sind genehmigungspflichtig. Eine ungenehmigte neue Nutzung kann die Bauaufsicht mit einer **Nutzungsuntersagung** verbieten.

| | | | | | | | | | | | | | | | |
|---|---|---|---|---|---|---|---|---|---|---|---|---|---|---|---|
| 65 S. 2 | 76 S. 2 | 80 S. 2 | 80 I 2 | 79 I 2 | 76 I 2 | 82 I 2 | 80 II | 79 I 2 Nr. 5 | 82 I 2 | 81 S. 1 | 82 II | 80 S. 2 | 79 S. 2 | 80 S. 2 | 79 I 2 |

**TBV**

- **baugenehmigungspflichtig:** neue Nutzung nicht mehr von der Variationsbreite der ursprünglichen Baugenehmigungen erfasst (Nutzungsänderung) = formelle Baurechtswidrigkeit
- **baugenehmigungsfrei:** neue Nutzung materiell baurechtswidrig

**Rechtsfolge**

**Ermessen**

- (Ermessens-)Zweck der Stilllegung: Schutz des **Genehmigungsverfahrens**; der rechtswidrig Handelnde soll sich keinen **Zeitvorteil** verschaffen können; eine negative **Vorbildwirkung** soll verhindert werden
- ⇨ rgm. **intendiertes** Ermessen auf Einschreiten, geringe Anforderungen
- Ausnahme: Nutzungsänderung offensichtlich **materiell rechtmäßig** (⇦ kein Einschreiten)

**Proz.**

**DauerVA** ⇦ letzte mündliche Verhandlung

**Vollstr.**

**Zwangsgeld**, ggf. unmittelbarer Zwang

# Nutzungsuntersagung (2)

- **Voraussetzung:** Genehmigungspflichtige, aber nicht genehmigte Nutzungsänderung (formelle Baurechtswidrigkeit = fehlende BauGen reicht, h.M.) ⇦ das Genehmigungsverfahren soll geschützt werden; der rechtswidrig Handelnde soll sich keinen Zeitvorteil verschaffen können; eine negative Vorbildwirkung soll verhindert werden.
  - ➲ **Nutzungsänderung:** neue Nutzung nicht mehr von der Variationsbreite der urspr. BauGen erfasst.
  - Eine auf **formelle Baurechtswidrigkeit** gestützte Nutzungsuntersagung ist ermessensfehlerhaft, wenn die Nutzungsänderung **offensichtlich materiell baurechtmäßig**, also genehmigungsfähig ist.
  - **Genehmigungsfreie** Vorhaben: müssen materiell baurechtswidrig sein.
- **Ermessen:** rgm. **intendiert** auf Untersagen; geringe Anforderungen an die Ermessensausübung.
- **Prozessual:** Nutzungsuntersagung = **DauerVA** ⇨ entscheidungserheblich ist die letzte mdl. Verh.
- **Durchsetzung:** Zwangsgeld.

# Beseitigungs-/Abrissverfügung

- Die Ermächtigungsgrundlage der LBauO zum Erlass einer **Beseitigungs-/Abriss-/Abbruchverfügung** ist eine verfassungsmäßige Inhalts- und Schrankenbestimmung i.S.d. Art. 14 I 2 GG.

| | | | | | | | | | | | | | | | |
|---|---|---|---|---|---|---|---|---|---|---|---|---|---|---|---|
| 65 S. 1 | 76 S. 1 | 80 S. 1 | 80 I 1 | 79 I 1, II | 76 I 1 | 82 I 2 | 80 I | 79 I 2 Nr. 4 | 82 I 1 | 81 I 1 | 82 I | 80 S. 1 | 79 S. 1 | 80 S. 1 | 79 I 1, II |

**TBV**

- Die bauliche Anlage ist **formell und materiell baurechtswidrig**, und zwar muss das Gebäude seit seiner Errichtung **ununterbrochen** gegen baurechtliche Vorschriften verstoßen haben und darf derzeit **nicht** durch eine **BauGen** gedeckt sein. War die Anlage irgendwann während eines gewissen Zeitraums (2–3 Monate) materiell baurechtmäßig, genießt sie **Bestandsschutz**. Ein früherer Bestandsschutz **entfällt** bei Zerstörung, Nutzungsänderung und substanziellem Umbau.
- Droht **kein Substanzverlust** durch Beseitigung, genügt die formelle Baurechtswidrigkeit (⇦ wirkt wie bloße Nutzungsuntersagung).

  Verschraubter Carport aus Holz; abnehmbare Werbeanlage.

**R.-Folge**

- Der Abriss ist rgm. **nicht ermessensfehlerhaft**, insb. nicht unverhältnismäßig. Eine nähere Abwägung ist nicht nötig.

  Unerhebliche Einwände: Vernichtung volkswirtschaftlicher Werte (dringend benötigter Wohnraum, Arbeitsplätze [Betriebsgebäude], Grundvermögen); hoher finanz. Verlust.

**Proz.**

- Obwohl VA ohne Dauerwirkung, ist **entscheidungserheblicher Zeitpunkt** bei einer nicht vollzogenen Abrissverfügung die mdl. Verh. (bzgl. Ermessen: Erlasszeitpunkt) ⇦ sonst müsste ggf. etwas abgerissen werden, das sogleich wieder zu genehmigen wäre.

# Einwendungen gegen Bauordnungsverfügungen

| Standardprobleme | |
|---|---|
| „Baugenehmigung liegt vor“ | Beweislast für Existenz der BauGen beim Bauherrn, Streit über Reichweite (Variationsbreite), Wegfall wegen abweichender Bauausführung |
| „Gebäude unter Bestandsschutz“ | Materielle Baurechtmäßigkeit über einen gewissen Zeitraum in der Vergangenheit, bestandskräftige Ablehnung eines Bauantrags vernichtet Bestandsschutz nicht |
| „Duldung/Verwirkung des Eingriffsrechts“ | Vertrauenstatbestand (Zeit-/Umstandsmoment), Vertrauen, Vermögensdisposition aufgrund des Vertrauens |
| „Gleichbehandlung – gegen Nachbarn wird nicht vorgegangen“ | Planvolles, systematisches Vorgehen gegen alle gleichgelagerten Fälle nötig, aber Einzelfälle auch aus besonderem Anlass oder als „Musterfall“; Stichtagsregelungen sind möglich |
| „anderer Pflichtiger soll ausgewählt werden“ | Auswahlermessen nach Effektivität der Gefahrenabwehr |
| „Rechte Dritter verhindern Befolgung der Verfügung“ | Miteigentümer/Mieter: keine Rechtswidrigkeit der OVfg. gegen den Eigentümer wegen Unmöglichkeit, sondern nur Vollstreckungshindernis; Duldungsverfügung gegen den Dritten nötig, um Vollstreckbarkeit herzustellen |
| „Rechtsvorgänger ist Adressat der Vfg.“ | BauOVfg. wirkt auch gegenüber dem Gesamt-/Einzelrechtsnachfolger, nur das Zwangsmittel (= höchstpersönlich) muss neu angedroht werden |
| milderes Mittel: Bauantrag stellen | muss vom Pflichtigen als Austauschmittel initiativ angeboten werden |

# Bauordnungsverfügung: Adressat, Rechtsnachfolge

## Adressat

- **Ordnungspflichtiger** (Adressat) einer BauOVfg ist nach der LBauO der Grundstückseigentümer (Zustandsstörer) und/oder der davon verschiedene Bauherr/Nutzer (Handlungsstörer).
- Bei einer **Eigentümermehrheit** (z.B. Miterben, WEG) ist jeder ordnungspflichtig ⇨ a) gleichlautende Bescheide gegen alle oder b) BauOVfg gegen einen und Duldungsbescheide gegen die anderen.
- Die **Auswahl** zwischen mehreren Störern steht im Ermessen, das die Behörde an der Effektivität der Gefahrenabwehr (auch: Finanzkraft) unabhängig vom zivilrechtlichen Innenausgleich ausrichten kann.

## Rechtsnachfolge

- BauOVfg gelten auch für den Rechtsnachfolger des Adressaten ⇦ Verzögerungen verhindern.

|  |  |  |  |  |  |  |  |  |  |  |  |  |  |  |  |
|---|---|---|---|---|---|---|---|---|---|---|---|---|---|---|---|
| – | 54 II 3 | 58 II | 58 V | 58 V | 58 II | 53 V | 59 IV | 79 I 5 | 58 III | 81 S. 3 | 57 VI | 58 III | 57 III | 58 III | 58 III |

Auch in **BW** gelten BauOVfG gegen den Rechtsnachfolger (Aktualisierung dinglicher Pflichten).

- Rechtsnachfolge tritt nach Erlass der BauOVfg ein:
  - **nach Unanfechtbarkeit:** dem Erwerber stehen wegen Fristablaufs keine Rechtsbehelfe mehr zu.
  - während des **verwaltungsgerichtlichen Verfahrens:** § 173 VwGO, § 265 II ZPO ⇨ Rechtsvorgänger führt das Verfahren als Prozessstandschafter des Rechtsnachfolgers fort.
  - Veräußerung während des **Widerspruchsverfahrens:** BauOVfg gegen Rechtsvorgänger ist rechtswidrig ⇦ Zeitpunkt der letzten Behördenentscheidung ist maßgeblich; § 265 ZPO ist unanwendbar.

# Bauordnungsverfügung: Ermessen

## Ermessen

- Liegt ein baurechtswidriger Zustand vor, ist es rgm. **ermessensfehlerfrei**, gegen ihn vorzugehen. Der Gleichheitssatz (Art. 3 GG) und der Grundsatz der Verhältnismäßigkeit gelten aber weiter.
- **Art. 3 GG:** Die Bauaufsicht aber geht entweder gegen alle gleichartigen rechtswidrigen Anlagen vor oder gegen keine (Selbstbindung). Es ist aber keine sofortige „flächendeckende" Bekämpfung nötig. Die Behörde kann sich auch zunächst einen „Musterfall" heraussuchen. Auch möglich: Stichtagsregelungen.
- Die OVfg kann unverhältnismäßig sein (⇦ Verwirkung oder venire contra, str.), wenn der Adressat schutzwürdig darauf **vertrauen** durfte, dass nicht eingeschritten werde (§ 242 BGB analog).

**Vertrauensschutz**

| Vertrauens**grundlage** | Vertrauens**tatbestand** | Vertrauens**betätigung** |
|---|---|---|
| der Verpflichtete durfte infolge eines bestimmten behördl. Verhaltens **(Umstandsmoment)** darauf vertrauen, dass diese nach so langer Zeit **(Zeitmoment)** nicht mehr eingreift | der Verpflichtete hat **tatsächlich** darauf **vertraut**, dass das Recht nicht mehr ausgeübt würde | in diesem Vertrauen hat der Verpflichtete **Vermögensdispositionen** getroffen, deren Rückgängigmachung unzumutbar ist. |

- **faktische/passive Duldung:** die Bauaufsicht nimmt baurechtswidrigen Zustand lediglich länger hin (Untätigkeit) ⇨ keine Vertrauensgrundlage (meistens)
- **aktive Duldung:** die Bauaufsicht hat eine (schriftl.) Erklärung abgegeben, dass sie den baurechtswidrigen Zustand hinnehmen werde (Duldungs- oder Belassungserklärung; behördl. „Bauabnahme" reicht nicht) ⇨ Vertrauensgrundlage gegeben (selten)

# Bauordnungsverfügung: Sofortvollzug, Zwangsmittel

## Sofortvollzug

- BauOVfg können grds. für **sofort vollziehbar** erklärt werden (§ 80 II 1 Nr. 4 VwGO, VzA). Die Anforderungen an die Begründung der VzA (§ 80 III VwGO) sind gering (ähnlich wie an Ermessensbegründung).
- Bauordnungsrechtliche Standardmaßnahmen:
  - **Stilllegungsverfügung:** Der Sofortvollzug ist unproblematisch, da nur das formelle Baurecht durchgesetzt werden soll und vollendete Tatsachen verhindert werden. Irreparable Folgen treten nicht ein. Es ist dem Bauherrn grds. zumutbar, das Baugenehmigungsverfahren durchzuführen.
  - **Nutzungsuntersagung:** Der Sofortvollzug ist unproblematisch (Begründung wie bei Stilllegung).
  - **Abrissverfügung:** Der Sofortvollzug ist **un**zulässig, weil er irreparable Folgen zeitigt, der (nachlaufende) Rechtsschutz also nicht mehr effektiv wäre (Ausnahme: kein Substanzverlust; negative Vorbildwirkung, Verfestigung Splittersiedlung, besonders schützenswerte Landschaft).

## Zwangsmittel

- Die BauOVfg kann mit einer **Zwangsmittelandrohung** nach dem allgemeinen Verwaltungsvollstreckungsrecht (Ersatzvornahme, Zwangsgeld) verbunden werden.
- Kann der Adressat die BauOVfg nicht erfüllen, weil **Rechte Dritter** am Grundstück entgegenstehen (Miteigentümer, Mieter), ist die OVfg nicht rechtswidrig, sondern ihr steht nur ein **Vollstreckungshindernis** im Wege, bis eine (vollziehbare) OVfg gegen den widerstrebenden Dritten erlassen ist. Zwangsmittel (einschl. Androhung) sind bis dahin allerdings rechtswidrig, weil sie der höchstpersönlichen Willensbeugung dienen.

# Rechtsschutz bei verweigerter Baugenehmigung

- **Abgelehnter Bauantrag:** Widerspruch (soweit landesrechtl. statthaft), dann sonst Verpflichtungsklage.
- **Maßgeblicher Zeitpunkt:** letzte mdl. Verhandlung ⇨ Verbesserungen kommen dem Bauherrn zugute. **Verschlechterungen** nach Bauantragsstellung (z.B. Veränderungssperre) sind zu berücksichtigen (anders bei Nachbarrechtsbehelf ⇨ Zeitpunkt der Erteilung der BauGen), weil der Anspr. auf BauGen nicht so geschützt ist wie die erteilte BauGen selbst. Der Bauherr kann bei nachträglich geändertem BPlan auf Fortsetzungsfeststellungsklage umstellen und ggf. Amtshaftungsansprüche wegen verzögerter Bescheidung gegen die Baugenehmigungsbehörde haben.
- **Inhalts- bzw. Nebenbestimmungen: logische Teilbarkeit** ist maßgeblich. Daher bei unteilbaren Inhaltsbestimmungen (z.B. abweichende Geschosshöhe) und „modifizierenden Auflagen" (bestimmter Lärmgrenzwert) ⇨ Verpflichtungsklage auf beantragte BauGen, nicht Nebenbestimmungen isoliert anfechten.
- Das **Rechtsschutzbedürfnis** des Bauherrn entfällt, wenn sicher feststeht, dass die erstrebte BauGen wegen rechtl. oder tatsächl. Hindernisse nie verwertet werden kann.
- **Streit** über die **Baugenehmigungsfreiheit:** allgemeine Feststellungsklage (§ 43 VwGO) mit dem Antrag festzustellen, dass das Vorhaben keiner BauGen bedarf.
- Eine BauGen kann nicht per **einstweiliger Anordnung** (§ 123 VwGO) erreicht werden ⇦ Verbot der Vorwegnahme der Hauptsache oder materiellrechtlich in LBauO nicht vorgesehen (Begründung str.).

## Öffentlich-rechtlicher Nachbarschutz

- Die öff. Bauvorschriften verleihen dem Nachbarn keinen Anspruch gegen den Bauherrn, er kann ihn nicht direkt verklagen. Beide müssen ihren Konflikt **„im Dreieck"** über die Bauaufsichtsbehörde austragen: der Nachbar muss die BauGen angreifen oder die Behörde zum Einschreiten gegen den Bauherrn veranlassen.
- Nur wenige Vorschriften des öff. BauR **schützen die Nachbarschaft**. Die meisten dienen nur objektiven, nämlich städtebaulichen (BauGB/BauNVO) oder allgemein ordnungsrechtlichen Zwecken (LBauO). Obwohl die Bauaufsichtsbehörde alle Bauvorschriften beachten muss, kann der Nachbar die Behörde gerichtlich nur zwingen, die ihn schützenden Normen durchzusetzen. Ohne nachbarschützende Vorschrift fehlt ihm die Klage-/Antrags- bzw. Widerspruchsbefugnis (vgl. § 42 II VwGO).

> ➲ **Schutznormtheorie:** Eine Baurechtsnorm ist nachbarschützend, soweit sie nicht nur die Interessen der Allgemeinheit und nicht nur faktisch (als Rechtsreflex) die Interessen des **Einzelnen** schützt, sondern **sie nach ihrer Zweckbestimmung zumindest auch auf dessen Schutz gerichtet ist** (Finalität).

- **Nachbar** ist, wer personell und räumlich von der (Schutz-)Norm erfasst ist.
  - **Personell:** Der Dritte muss **dinglich** berechtigt sein (Eigentümer, Nießbraucher) ⇦ öff. Baurecht schützt nur Grundstückseigentum. **Mieter** sind baurechtlich keine Nachbarn (allenfalls Art. 2 II GG).
  - **Räumlich:** Angrenzer und die Grundstücke **im Einwirkungsbereich** des Vorhabens, deren Beeinträchtigung die baurechtliche Norm verhindern will. Nachbar ist auch eine benachbarte **Gemeinde**, die ihre Planungshoheit (Art. 28 GG) verletzt sieht.
  - Die Nachbareigenschaft wird in der **Klage-/Antrags-/Widerspruchsbefugnis** (Zulässigkeit) geprüft.

# Nachbarrechtsbehelfe

## Prüfungsfolge

**A.** Zulässigkeit

[…]

**III.** Klagebefugnis

**1.** § … LBauO (–), da nicht nachbarschützend

**2.** § 34 II BauGB i.V.m. § … BauNVO

a) grds. nachbarschützend

b) Kläger ist Nachbar

c) Verstoß im Tatsächlichen nicht schlechthin ausgeschlossen

**3.** *nächste als verletzt gerügte/in Betracht kommende Norm …*

**B.** Beiladung des Bauherrn

**C.** Begründetheit: nur Prüfung der nachbarschützenden Vorschriften

## Aufbau

⚠ Der Aufbau bei Nachbarrechtsbehelfen ist speziell. Ob eine Norm **nachbarschützend** wirkt, ist bereits in der **Klagebefugnis** zu prüfen. **Jede** infrage kommende (gerügte) Norm ist zu untersuchen. Erst in der Begründetheit wird geprüft, ob die Norm nach den tatsächlichen Verhältnissen wirklich eingreift. Die **Begründetheit** beschränkt sich auf diese **nachbarschützenden** Bauvorschriften. Es muss also sofort mit der ersten nachbarschützenden Norm begonnen werden. Die **sonstigen** formellen (Genehmigungsverfahren) und materiellen Voraussetzungen der BauGen sind **unbeachtlich** (vgl. § 113 I 1 a.E. VwGO, der eine Rechtsverletzung des Klägers verlangt). Sie dürfen nur geprüft werden, wenn die Klausur erkennbar darauf abstellt.

# Gebietserhaltungsanspruch

- **Inhalt:** Die im BPlan festgesetzte **Art** der Nutzung (§§ 2 ff. BauNVO – ohne „§ a"-Gebiete) wirkt nachbarschützend. Die Festsetzung dient dem Schutz eines jeden Eigentümers im Planbereich. Jeder Plangebietsnachbar ist klagebefugt gegen eine BauGen, die eine artfremde Bebauung genehmigt, und zwar unabhängig davon, ob sein Grundstück von dem Bauvorhaben tatsächlich betroffen ist oder nicht. Alle Plangebietsbetroffenen haben einen **„Gebietserhaltungsanspruch"**.

  Auch der am anderen Ende eines allgemeinen Wohngebiets (WA) wohnende Nachbar kann eine unzulässige gewerbl. Nutzung angreifen, obwohl sie sich nicht unmittelbar auf ihn auswirken kann.

- **Begründung:** Die Festsetzung von Baugebieten (= Art der baulichen Nutzung) verbindet die Planbetroffenen zu einer **„rechtlichen Schicksalsgemeinschaft"**. Es besteht ein wechselseitiges Austauschverhältnis: Die Beschränkungen der Nutzungsmöglichkeiten des eigenen Grundstücks werden dadurch ausgeglichen, dass die anderen Grundstückseigentümer denselben Einschränkungen unterworfen sind. Das nachbarliche Gemeinschaftsverhältnis berechtigt jeden Planbetroffenen zu verhindern, dass eine gebietsfremde Nutzung eindringt, die zu einer schleichenden Umwandlung des Baugebiets führen kann.

- Der Gebietserhaltungsanspruch gilt auch in einem **faktischen** Plangebiet i.S.v. § 34 II BauGB, allerdings nur für die Grundstücke der **näheren Umgebung**. Der Anspruch wirkt **nicht baugebietsübergreifend**.

- Noch nicht allgemein anerkannt ist der weitergehende Gebiets**prägungs**erhaltungsanspruch. Nach ihm sind ausnahmsweise zulässige (= an sich gebietsverträgliche) Nutzungen abwehrbar, die typisierend trotzdem der allgemeinen Zweckbestimmung des Baugebietstyps widersprechen.

# Nachbarschutz im BPlan-Gebiet

- **§ 30 I BauGB selbst:** nicht nachbarschützend
- **Art** der baulichen Nutzung (§§ 2 ff. BauNVO): nachbarschützend ⇨ Gebietserhaltungsanspruch
- **Maß** der baulichen Nutzung (§§ 16–21a BauNVO): dient grds. nur der städtebaulichen Ordnung
- Festsetzung der **Bauweise** im BPlan (§ 22 BauNVO): **offene** Bauweise ⇦ nachbarschützend (Brandschutz, Belüftung, Belichtung); **geschlossene** Bauweise ⇦ nur städtebauliche Zwecke
- Festsetzungen der **überbaubaren Grundstücksfläche** (§ 23 BauNVO): nur städtebaulich
- **Ausnahme (§ 31 I BauGB):** nachbarschützend, soweit die Festsetzung, von der die Ausnahme erteilt wird, **ihrerseits nachbarschützend** ist (z.B. Art der Nutzung)
- **Befreiung (§ 31 II, III BauGB):**
  - nachbarschützend, soweit von einer **nachbarschützenden Festsetzung** befreit wird; der Nachbar kann **alle TBV** des § 31 II BauGB rügen (auch „städtebauliche Vertretbarkeit")
  - wird von einer **nicht nachbarschützenden Festsetzung** befreit, kann der Nachbar rügen, im Ermessen seien seine **nachbarlichen Interessen** nicht ausreichend berücksichtigt; die übrigen TBV des § 31 II, III BauGB kann er nicht rügen

# Nachbarschutz im Innenbereich



- **§ 34 BauGB** dient nur städtebaulichen Interessen. In faktischen Baugebieten (Abs. 2) gilt bzgl. der Art der Nutzung der Gebietserhaltungsanspruch, aber beschränkt auf den Wirkbereich des Vorhabens.
- **Einfügen** (§ 34 I 1 BauGB): Im TBM „einfügen" ist das **nachbarschützende** Gebot der **Rücksichtnahme** enthalten. Nur ein Vorhaben, das Rücksicht nimmt, fügt sich ein. Das Rücksichtnahmegebot bezieht sich allerdings nur auf die Belange des § 34 I 1 BauGB, die nicht allein im öff. Interesse liegen.

## Prüfungsfolge

**I.** Anspruchsgrundlage: § 34 I 1 BauGB „einfügen" = Gebot der Rücksichtnahme

**II.** Nachbar (Eigentümer, sonst dinglich Berechtigter)

**III.** Verstoß gegen objektives Baurecht: Umgebungsrahmen zwar gewahrt, aber rücksichtslos gegenüber Bebauung in unmittelbarer Nähe (z.B. Art, offene Bauweise)

**IV.** Nachbar gehört zu einem erkennbar abgegrenzten Kreis Dritter, auf den qualifiziert und individualisiert Rücksicht zu nehmen ist (= unterscheidet sich durch individualisierende TBM von der Allgemeinheit)

## Nachbarschutz im Außenbereich

- **§ 35 I u. II BauGB** dient nur öff. Belangen. Ein privilegierter Betrieb im Außenbereich hat keinen Abwehranspruch aus § 35 I BauGB gegen eine heranrückende (unzulässige) nicht privilegierte Außenbereichsnutzung; es gibt **keinen „Gebietserhaltungsanspruch im Außenbereich“**.
- **§ 35 III 1 Nr. 3 BauGB** enthält das Gebot der Rücksichtnahme, weil die „öffentlichen Belange" auf **§ 3 I BImSchG** verweisen. Hierauf können sich alle berufen, auf die objektiv Rücksicht zu nehmen ist, also auch Inhaber privilegierter Außenbereichsvorhaben, die sich z.B. gegen heranrückende Wohnbebauung wehren.

# Nachbarschutz nach LBauO (1)

- Die Vorschriften der LBauO dienen i.d.R. nur der **öff. (Bau-)Sicherheit** ⇦ nicht nachbarschützend.
- **Unterbliebenes Baugenehmigungsverfahren:** die irrtümliche Annahme der Genehmigungsfreiheit begründet kein nachbarliches Abwehrrecht, weil es kein subjektives Recht auf die Einhaltung der richtigen Verfahrensart gibt. Entscheidend: sind materielle Nachbarrechte verletzt? Dasselbe gilt, wenn ein Angrenzer Nachbar **nicht am Genehmigungsverfahren beteiligt** wird.

| | | | | | | | | | | | | | | | |
|---|---|---|---|---|---|---|---|---|---|---|---|---|---|---|---|
| 55 | 66 | 70 | 70 | 70 | 71 | 71 | 70 | 68 | 72 | 68 | 71 | 70 | 69 | 70 | 69 |

- **Stellplätze:** dienen nur dem öffentlichen Interesse, dass der fließende nicht durch den ruhenden Verkehr beeinträchtigt wird ⇦ grds. nicht nachbarschützend.

| | | | | | | | | | | | | | | | |
|---|---|---|---|---|---|---|---|---|---|---|---|---|---|---|---|
| 37 | 47 | 49 | 49 | 49 | 48 f. | 52 | 49 | 46–48 | 48 | 47 | 47 | 49 | 48 | 49 | 49 |

Stellplätze in rückwärtigen Grundstücksbereichen können gegen das planungsrechtliche Rücksichtnahmegebot verstoßen.

# Nachbarschutz nach LBauO (2)

- **Abstandsflächen:** auf dem eigenen Grundstück freizuhaltende Flächen zwischen Gebäuden. Je höher das Gebäude, desto tiefer die Abstandsfläche. Garagen sind in Abstandsflächen zulässig, dürfen aber nicht umgenutzt werden.

  zur Sauna; Aufbau einer Dachterrasse

  | | | | | | | | | | | | | | | | |
  |---|---|---|---|---|---|---|---|---|---|---|---|---|---|---|---|
  | 5–7 | 6 | 6, 6a | 6 | 6 | 6, 7 | 6 | 6 | 5–7 | 6 | 8 f. | 7 f. | 6 | 6 | 6 | 6 |

  Abstandsflächen dienen dem Brandschutz, der Belichtung/Besonnung sowie Belüftung und gewährleisten den Sozialabstand (Nachbarfrieden) ⇦ **nachbarschützend**; der Nachbar kann die exakte Einhaltung der Abstandsflächen unabhängig davon verlangen, ob er tatsächlich beeinträchtigt wird.

- Vorschriften über die Erstellung von Bauvorlagen (Entwurfsverfasser) dienen nur dem öff. Interesse und sind nicht nachbarschützend.

# Nachbaranspruch auf Einschreiten

- **Anspruchsgrundlage** des Nachbarn gegen die Bauaufsicht auf Einschreiten gegen den Bauherrn ist die Eingriffsermächtigung selbst, ggf. i.V.m. der speziellen Ermächtigung für die Maßnahme. Diese gibt ihm einen Anspruch auf ermessensfehlerfreie Entscheidung, z.B. aus der Generalermächtigung.

| 47 | 54 | 58 | 58 | 58 | 58 | 61 | 58 | 76 | 58 | 59 | 57 | 58 | 57 | 58, 58a | 58 |
|---|---|---|---|---|---|---|---|---|---|---|---|---|---|---|---|

  Wenn gegen nachbarschützende Normen verstoßen wird, ist das Ermessen grds. **auf Null** reduziert.
- Der Anspruch erfasst auch die Entscheidung über die zwangsweise **Durchsetzung** der BauOVfg.
- Erlässt die Bauaufsicht die vom Nachbarn verlangte Ordnungsverfügung, stehen dem **Bauherrn** gegen diese alle **Rechtsbehelfe** offen (Widerspruch, Klage, vorläufiger Rechtsschutz nach § 80 V VwGO). Ergeht die BauOVfg auf eine verwaltungsgerichtliche Entscheidung, ist der Bauherr an die **Prozessergebnisse gebunden**, wenn er – wie im Regelfall – beigeladen war, vgl. §§ 121 Nr. 1, 63 Nr. 3, 65 II VwGO.

## Verzicht/Verwirkung

- Der Nachbar kann auf seine Abwehrrechte **verzichten** (🔍 durch Unterschrift auf den Bauplänen). Der Verzicht ist nur bis zu dessen Zugang bei der Behörde **widerruflich** (§ 130 BGB analog) und gilt nur für den (Mit-)Eigentümer, der ihn erklärt. Der Verzicht ist grds. **anfechtbar**, §§ 119 ff. BGB analog.
- Der Nachbar kann seine materiellen Nachbarrechte **verwirken**. Voraussetzungen (kumulativ): 1.) Der Nachbar ist **längere Zeit untätig** geblieben. 2.) Die Untätigkeit hat das **schützenswerte Vertrauen hervorgerufen**, der Nachbar werde auch in Zukunft nichts einwenden. 3.) Der Bauherr hat dieses **Vertrauen betätigt**, indem er investiert hat.

# Nachbar gegen Baugenehmigung (1)

Es gelten die allg. Prozessregeln zu Angriffen im Dreiecksverhältnis, allerdings mit **Besonderheiten**.

**Vorbescheid**

- Um Bestandskraft zu verhindern, muss der Nachbar gegen die BauGen **Widerspruch** und nach dessen Zurückweisung **Anfechtungsklage** erheben. Ist ein **Bauvorbescheid** ergangen, muss er erst diesen, später auch die BauGen angreifen. Der Inhaber der BauGen wird nach § 65 II VwGO **beigeladen**, im Widerspruchsverfahren i.V.m. § 79 VwVfG.

  Soweit das Widerspruchsverfahren abgeschafft ist (v.a. **Bayern, NRW**), muss der Nachbar sofort Anfechtungsklage (§ 42 I VwGO) erheben, vgl. Art. 15 II AG VwGO BY; § 110 III 2 Nr. 7 JustG NRW.

**Widerspr.-Verf**

- Ist der Widerspruch erst **nach Ablauf der Widerspruchsfrist** erhoben worden, darf die Bauaufsichtsbehörde nicht mehr zur Sache und zum Nachteil des Genehmigungsinhabers entscheiden (in anderen Rechtsgebieten darf die Widerspruchsbehörde darüber hinweggehen ⇦ Baurecht: Schranke des Art. 14 GG). Die inhaltliche Bescheidung des verspäteten Drittwiderspruchs heilt das Fristversäumnis nicht.

**Verwirkung**

- Ist die BauGen dem Nachbarn nicht bekannt gegeben worden, läuft keine Widerspruchs-/Klagefrist ⇨ **Verwirkung** des Widerspruchs-/Klagerechts aus nachbarlichem Gemeinschaftsverhältnis ein Jahr (vgl. § 58 II VwGO) nach zuverlässiger Kenntnis/Kennenmüssen der Bautätigkeit.

**Zeitpunkt**

- **Entscheidungserheblicher Zeitpunkt:** trotz Anfechtungssituation nicht der Zeitpunkt der letzten Verwaltungsentscheidung, sondern des **Erlasses der BauGen** ⇦ verfestigte Rechtsposition des Bauherrn, d.h. nach Erlass eintretende **nachteilige** Veränderungen bleiben für die Rechtmäßigkeit der Genehmigung unerheblich (anders: Verpflichtungsklage auf Erlass der BauGen).

**Keine a.W.**

- Widerspruch und Anfechtungsklage haben gem. § 80 II 1 Nr. 3 VwGO i.V.m. **§ 212a I BauGB** keine aufschiebende Wirkung (bzgl. Vorbescheid str.) ⇨ der Bauherr kann weiterbauen, aber auf eigenes Risiko, vgl. § 50 VwVfG.

## Nachbar gegen Baugenehmigung (2)

**Adressat**

- Der Nachbar kann **wahlweise** bei der **Behörde** gem. § 80a I Nr. 2 VwGO die Aussetzung der Vollziehung oder nach §§ 80a III 1 Fall 3, 80 V VwGO bei Gericht die Anordnung der aufschiebenden Wirkung seines Widerspruchs/seiner Klage gegen die BauGen beantragen.

**Hauptsache**

- Der Antrag nach § 80a III i.V.m. I Nr. 2 Hs. 1, § 80 V 1 VwGO kann **unzulässig** sein, weil der Widerspruch/die Klage wegen Fristversäumung offensichtlich unzulässig ist ⇨ dem Eilantrag fehlt das allgemeine Rechtsschutzbedürfnis. Der Streit um die Notwendigkeit eines **vorherigen Aussetzungsantrags** bei der Behörde (§ 80 VI VwGO) ist unerheblich, da Bautätigkeit dem Vollzug entspricht (str.).

**Sicherung**

- Der Bauherr **baut** trotz angeordneter aufschiebender Wirkung **weiter: Sicherungsmaßnahme** gem. § 80a I Nr. 2 Hs. 2, § 80 III VwGO ist eine sofort vollziehbare Stilllegungsverfügung; ⇦ Begründetheit: keine Interessenabwägung, allein Missachtung der aW genügt; str., ob das Gericht selbst die Stilllegung anordnet oder nur die Bauaufsicht zum Erlass einer sofort vollziehbaren Stilllegungsverfügung verpflichtet.

## Anspruch auf Einschreiten (Durchsetzung)

- Ist das Bauvorhaben nicht von einer BauGen gedeckt, kann der Nachbar nicht Widerspruch/Anfechtungsklage erheben und deren aufschiebende Wirkung anordnen lassen. Er muss die **Bauaufsicht zum Einschreiten veranlassen**, weil das öff. BauR zwischen Bauherrn und Nachbarn nicht unmittelbar gilt. Die Ermächtigungsgrundlage der LBauO für die BauOVfg ist zugleich Anspruchsgrundlage. Das Ermessen ist bei Verletzung nachbarschützender Normen auf Null (= Einschreiten) reduziert ⇦ Art. 14 I 2 GG; str.

| Typische Gründe für eine **fehlende BauGen** | | |
|---|---|---|
| Das Bauvorhaben ist insgesamt oder teilweise genehmigungsfrei. | Die Behörde geht irrig von Genehmigungsfreiheit aus. | Die BauGen ist aufgehoben worden (Widerspruchsbeh./Gericht). |
| Der Bauherr hat die nötige BauGen nicht eingeholt. | Der Bauherr baut abweichend von der BauGen. | Die BauGen ist durch Zeitablauf erloschen. |

- **Prozessuales:**
  - Da die Bauaufsicht mit einer BauOVfg eingreifen soll, sind **Verpflichtungsklage** und Antrag auf Erlass einer **einstweiligen Anordnung** nach § 123 VwGO statthaft.
  - Der Bauherr wird nach § 65 II VwGO **beigeladen**.
  - Das **Rechtsschutzinteresse** fällt nicht weg, nur weil der Nachbar auch zivilrechtlich vorgehen könnte („Zweigleisigkeit des Rechtsschutzes“).

# Rechtsschutz des Nachbarn (Übersicht)



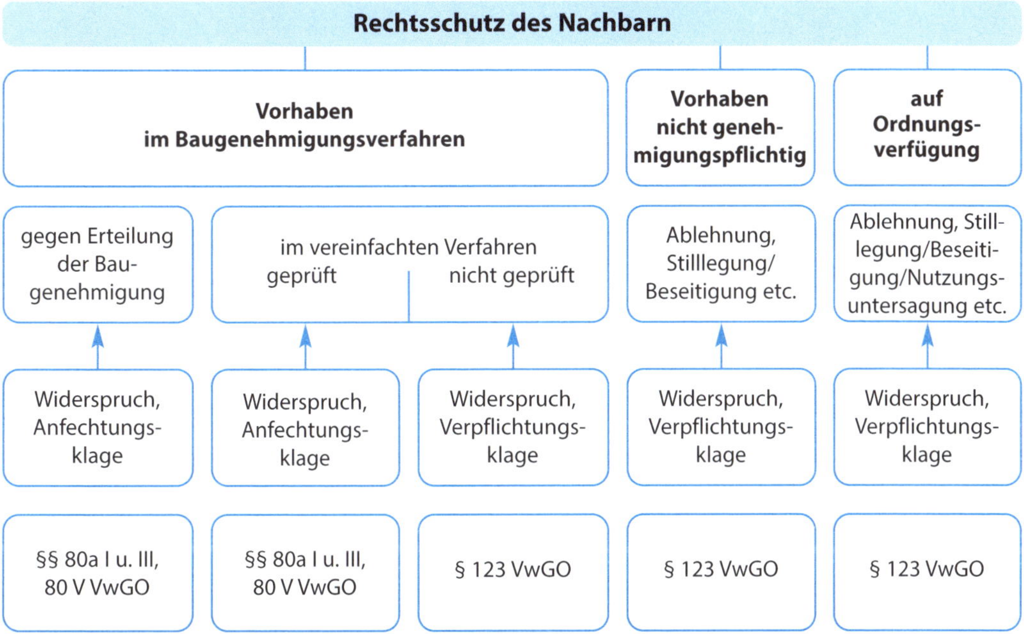

# Bauleitplanung (Übersicht)

- Die örtliche **Bauleitplanung** bereitet die Grundstücksnutzung vor (§ 1 I BauGB). Sie obliegt der Gemeinde (§ 1 III 1 BauGB), der Art. 28 II 1 GG die Planungshoheit für ihr Gemeindegebiet zuweist.

**Örtliche Bauleitplanung** (§ 1 II BauGB)

- Ein Flächennutzungsplan für das gesamte Gemeindegebiet, § 5 BauGB.
- → Viele kleinräumige BPläne, die aus dem FPlan entwickelt werden, §§ 8 II, 10 BauGB.

- Das **Aufstellungsverfahren** für BPläne ist in § 2 BauGB sowie v.a. §§ 2a–4b, 13a BauGB geregelt. Die Vorschriften der GemO sind ergänzend heranzuziehen.

  Beschlussfassung im Rat (Kommunalrecht)

- **Verfahrens- und Formfehler:** Anders als bei VAen führen Rechtsverstöße beim Erlass von Rechtsnormen grds. zur Nichtigkeit der Norm. Abweichend davon gilt bei BPlänen der **Grundsatz der „Planerhaltung“** (Überschrift vor §§ 214, 215 BauGB). Verfahrens- und Formfehler machen den BPlan nicht unwirksam, wenn sie entweder **unbeachtlich** sind (§ 214 II BauGB) oder wenn sie zwar beachtlich sind (§ 214 I BauGB), aber nicht in der **Frist** des § 215 I BauGB geltend gemacht wurden. Bestimmte Fehler können nach § 214 IV BauGB (zum Teil rückwirkend) geheilt werden.

⚠ Wenn ein Fehler im Aufstellungsverfahren oder ein materieller Fehler im BPlan gefunden ist, muss stets geprüft werden, ob dieser nach §§ 214, 215 BauGB überhaupt beachtlich ist.

# FPlan und BPlan

- Der **FPlan** stellt „grobmaschig" Bauflächen, Baugebiete, Verkehrsflächen usw. dar, § 5 BauGB. Er ist genehmigungspflichtig, § 6 I, II BauGB, aber grds. keine für den Bürger verbindliche Norm. Der **BPlan** ist „parzellenscharf", genehmigungsfrei und als Satzung eine verbindliche Rechtsnorm (§ 10 I BauGB).
- Der **BPlan** verdrängt über § 30 BauGB in seinem Geltungsbereich die Planersatzvorschriften der §§ 34, 35 BauGB. Ermächtigungsgrundlage für die möglichen Festsetzungen ist § 9 BauGB i.V.m. der **BauNVO:** Art (§§ 2–14), Maß (§§ 16–21a), Bauweise (§ 22), überbaubare Grundstücksflächen (§ 23).

| FPlan | | BPlan |
|---|---|---|
| vorbereitend (§ 1 II BauGB) | ⇔ | verbindlich (§ 1 II BauGB) |
| „grobkörnig" (Grundzüge) | ⇔ | „feinkörnig" / parzellenscharf |
| Darstellungen (§ 5 I BauGB) | ⇔ | Festsetzungen (§§ 8 I, 9 BauGB) |
| gesamtes Gemeindegebiet (§ 5 I BauGB) | ⇔ | kleiner Teil des Gemeindegebiets |
| nur ausnahmsweise unmittelbare Wirkung (§§ 15 III, 35 III 1 Nr. 1, S. 3 BauGB) | ⇔ | unmittelbare Wirkung für den Bürger |
| hoheitliche Maßnahme sui generis | ⇔ | gemeindliche Satzung (§ 10 I BauGB) |
| nur inzidente gerichtliche Kontrolle | ⇔ | prinzipale Normenkontrolle (§ 47 I Nr. 1 VwGO) + inzidente gerichtl. Kontrolle |

# Fünf Phasen der BPlan-Aufstellung

| | |
|---|---|
| **Phase ❶** | ▪ **Aufstellungsbeschluss**, § 2 I BauGB, der ortsüblich bekannt zu machen ist (§ 2 I 2 BauGB) ⇨ Veränderungssperre und Zurückstellung (§§ 14, 15 BauGB) sind ab jetzt möglich<br>▪ **Frühzeitige** Behörden- und Bürgerbeteiligung (§ 3 I, 4 I BauGB), Fehler sind noch unerheblich (§ 214 I 1 Nr. 2 BauGB) |
| **Phase ❷** | ▪ **Auslegungsbeschluss** (üblich), ortsübliche Bekanntmachung der Veröffentlichung im Internet (§ 3 II 2 BauGB), Dauer: 30 Tage = förmliche Bürgerbeteiligung ⇦ Einwände, die nicht vorgebracht worden sind, werden **präkludiert** (§§ 4a V, 3 II, 4 Nr. 3 BauGB; Beteiligungsfehler sind unerheblich, wenn sie sich nicht ausgewirkt haben, § 214 I 1 Nr. 2 BauGB<br>▪ **Träger öff. Belange** (TÖB) werden beteiligt (§ 4 BauGB)<br>▪ **Prüfung** der Einwände von Bürgern und TÖB (§ 3 II 6 BauGB) durch den **Planungsausschuss** des Rates (§ 1 VII BauGB); bei Änderungen ⇨ (verkürzte) Auslegung, § 4a III BauGB |
| **Phase ❸** | ▪ **Ratsbeschluss** über den **BPlan** als **Satzung** (§ 10 I BauGB) nach GemO; die **Abwägung** der widerstreitenden Belange und Einwände (§ 3 II 6 BauGB) muss hier erfolgen (§ 1 VII BauGB) |
| **Phase ❹** | ▪ **Ausfertigung** (§ 10 III BauGB) = rgm. Unterschrift durch den Bürgermeister und **ortsübliche Bekanntmachung** des Plangebiets sowie Bereithalten des BPlans mit Begründung |
| **Phase ❺** | ▪ **Außerkrafttreten** durch Aufhebung (§ 1 VIII BauGB) oder Überplanung durch einen jüngeren BPlan; selten: **Funktionsloswerden** = BPlan ist auf unabsehbare Zeit nicht zu verwirklichen, weil dauernde tatsächliche oder rechtliche Hindernisse entgegenstehen |

# BPlan: Aufstellungsverfahren (1)

1. Phase

Aufstellungsbeschluss, § 2 Abs. 1 BauGB

Ortsübliche Bekanntmachung dieses Beschlusses, § 2 Abs. 1 S. 2 BauGB

Ausarbeitung der beabsichtigten Ziele und Zwecke der Planung (Vorentwurf) durch die Verwaltung oder ein Planungsbüro

Umweltprüfung/-bericht, §§ 2 Abs. 4 S. 1, 1 Abs. 6 Nr. 7 BauGB

Frühzeitige Behörden- und Träger Öffentlicher Belange (TÖB-)Beteiligung, § 4 Abs. 1 BauGB (Zeitpunkt variabel)

parallel möglich

Frühzeitige Unterrichtung d. Öffentlichkeit, Erörterung, § 3 Abs. 1 BauGB

Beteiligung der Behörden und sonstiger TÖB, § 4 Abs. 2 BauGB

Ausarbeitung e. Planentwurfs mit Begründung u. Umweltbericht

# BPlan: Aufstellungsverfahren (2)

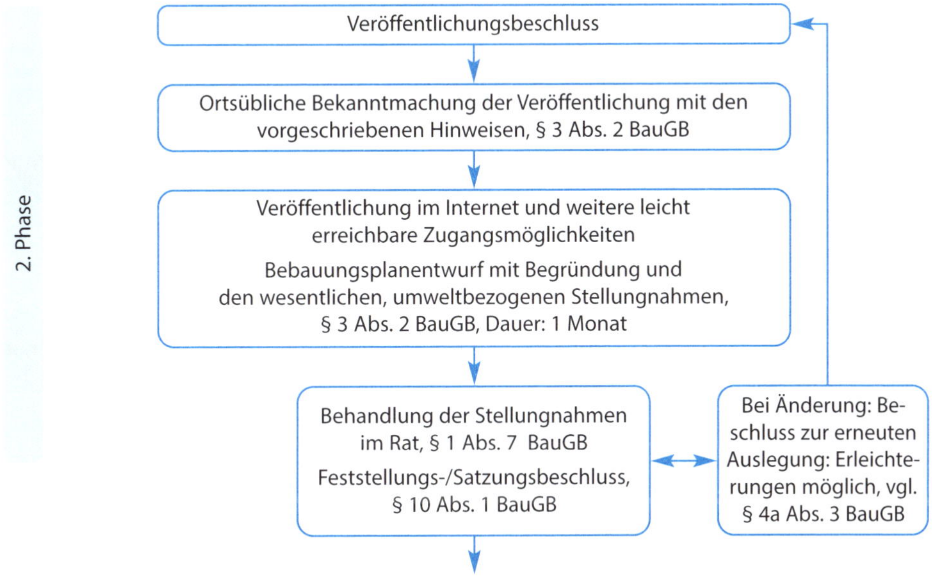

# BPlan: Aufstellungsverfahren (3)

3. Phase

Mitteilung des Ergebnisses, § 3 Abs. 2 S. 6 BauGB

↓

nur ausnahmsweise Genehmigung, § 10 Abs. 2 BauGB

↓

4. Phase

Ausfertigung, Wirksamwerden bzw. Inkrafttreten mit ortsüblicher Bekanntmachung (Ersatzverkündung), Bereithaltung zur Einsicht, § 10 Abs. 3 BauGB

5. Ph.

Außerkrafttreten, Funktionslosigkeit

# BPlan: Materielle Rechtmäßigkeit

Die materielle Rechtmäßigkeit eines BPlans ist wegen der **planerischen Gestaltungsfreiheit** der Gemeinde nur eingeschränkt überprüfbar. Ähnlich wie beim ErmessensVA muss sich die Gemeinde nur an den zwingenden gesetzlichen Rahmen halten. §§ 214, 215 BauGB schränken die Fehlerfolgen weiter ein.

## Prüfungsfolge materielle Rechtmäßigkeit des BPlans

**I.** Erforderlichkeit des BPlans, § 1 III 1 BauGB

**II.** Zwingende gesetzliche Planungsvorgaben

- **1.** Anpassung an die Ziele der Raumordnung, § 1 IV BauGB
- **2.** Entwicklung aus dem FPlan, § 8 II 1 BauGB
- **3.** Beschränkung auf zugelassene Festsetzungen, § 9 BauGB i.V.m. BauNVO

**III.** Rechtmäßige Abwägung der öffentlichen und privaten Belange, § 1 VII BauGB

- **1.** Öffentliche und private Belange ermittelt und bewertet
- **2.** Öffentliche und private Belange gegen- und untereinander abgewogen
- **3.** Abwägungsfehler
  - **a)** Abwägungsausfall
  - **b)** Abwägungsdefizit
  - **c)** (Abwägungs-)Fehleinschätzung
  - **d)** Abwägungsdisproportionalität

**IV.** Fehlerfolgen – Planerhaltung trotz Fehlern, §§ 214 f. BauGB

# BPlan: Abwägung (1)

## Allgemeines

- BPläne sind i.S.v. § 1 III BauGB **erforderlich**, wenn sie für eine bewusste gemeindliche Städtebaupolitik erforderlich sind (nicht: Missbrauch der Planungshoheit nie vollzugsfähig; nur vorgeschobene Planung). Auch nichtig: **„Verhinderungsplanung“** = ein bestimmtes Vorhaben soll nur verhindert werden.
- Anpassung an die **Ziele der Raumordnung** (§ 3 I Nr. 2 ROG): typischerweise im FPlan (§ 1 IV BauGB).
- **Entwicklungsgebot** (§ 8 II 1 BauGB): die Festsetzungen des BPlans müssen die Darstellungen des FPlans konkreter ausgestalten, dürfen aber auch abweichen, solange die Grundkonzeption gewahrt ist.
- **„Typenzwang“:** kein gemeindliches „Festsetzungserfindungsrecht“ ⇨ nur Festsetzungsarten der BauNVO.
- **Interkommunales Rücksichtnahme- und Abstimmungsgebot** (§ 2 II BauGB): BPläne müssen aufeinander abgestimmt sein; Gemeinde kann eine rücksichtslose Planung der Nachbargemeinde angreifen, wenn ihre eigene Planung konkret genug ist.

## Abwägungsgebot

- **Gebot der Abwägung** (§ 1 VII BauGB): Hauptgebot der Planung; besondere Ausprägung des Verhältnismäßigkeitsgrundsatzes.
  - Inhalt: **Die öff. und privaten Belange sind gegeneinander und untereinander gerecht abzuwägen.**
  - Die **Belange** ergeben sich v.a. aus § 1 V, VI BauGB (nicht abschließende „Planungsleitlinien“), ergänzt um **umweltschutzrechtliche** Belange (§ 1a BauGB).

# BPlan: Abwägung (2)

## Abwägungsvorgang

**Phase ❶**

Zusammenstellung des Abwägungsmaterials = schutzwürdige und erkennbare Interessen, deren Betroffenheit wahrscheinlich ist, §§ 4a I, 214 I 1 Nr. 1 BauGB.

→

**Phase ❷**

Planerische Ausgleichsentscheidung = Abwägungsmaterial gewichten und verarbeiten.

Die Gemeinden dürfen zwischen den verschiedenen Möglichkeiten zum Ausgleich wählen **(Spielraum)**. Die **gerichtliche Prüfung** beschränkt sich auf die Rechtskontrolle. Eine eben noch vertretbare Planungsvariante genügt (Optimum nicht erforderlich, ähnlich wie Ermessen).

## Abwägungsfehler

In beiden Phasen des Abwägungsvorgangs können Fehler auftreten. Nach der **„Abwägungsfehlerlehre"** prüft das Gericht **vier** Arten von Fehlern.

**1. Abwägungsausfall**

Es ist gar keine Abwägung durchgeführt worden.

**2. Abwägungsdefizit**

Es wurden nicht alle erheblichen Belange eingestellt.

**3. Abwägungsfehleinschätzung** (= Fehlbewertung)

Einzelne Belange wurden falsch gewichtet oder ihre Bedeutung wurde verkannt.

**4. Abwägungsdisproportionalität**

Es wurde kein noch eben vertretbarer Ausgleich zwischen den Belangen vorgenommen.

# BPlan: Fehlerfolgen

## Fehlerfolgen

Die §§ 214 f. BauGB verdrängen beim BPlan die allgemeinen Regeln über die Fehlerfolgen von Rechtsnormen. Der Grundsatz der **Planerhaltung** soll verhindern, dass sich – oft erst Jahre später – herausstellt, dass ein BPlan unerkannt nichtig ist. Die formellen und materiellen Anforderungen an den BPlan selbst bleiben durch §§ 214 f. BauGB unverändert.

## Fehlerarten

- **Ewigkeitsfehler**, § 214 I 1 Nr. 4 BauGB, der in § 215 BauGB nicht aufgeführt ist (v.a. im Abwägungsergebnis).
- **Präkludierbare** Fehler, § 215 BauGB.
- **Behebbare** Fehler, § 214 IV BauGB.
- **Unbeachtliche** Fehler, § 214 BauGB („nur beachtlich", „unbeachtlich").

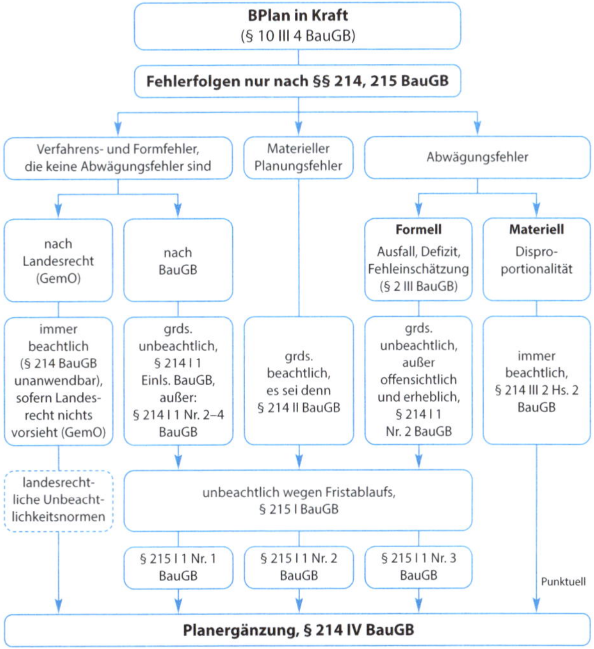

# BPlan: Planerhaltung

## Planerhaltung/-ergänzung

- § 214 I BauGB bestimmt **abschließend**, welche Verfahrens- und Formvorschriften des BauGB **beachtlich** sind; landesrechtliches Verfahrensrecht (GemO) fällt nicht darunter (⇨ Ausschlussfristen oder Unbeachtlichkeitsnormen aus dem Landesrecht prüfen).
- Die **Abwägungsfehler** müssen **offensichtlich** und **ergebnisbeeinflussend** gewesen sein (§ 214 I 1 Nr. 1, III 2 BauGB).
  - **Offensichtlich** ist alles, was zur äußeren Seite des Abwägungsvorgangs gehört, also aus den Akten hervorgeht.

    Protokolle, Planentwürfe und -begründungen usw.
  - Von **Einfluss** auf das Abwägungsergebnis ist ein Mangel gewesen, wenn die **konkrete** (nicht genügend: nur theoretische) **Möglichkeit** besteht, dass ohne den Mangel die Planung **anders** ausgefallen wäre.
- **Ergänzendes Verfahren** (§ 214 IV BauGB): erfasst sind alle materiellen Fehler nach § 214 BauGB oder nach dem Landesrecht sowie die nicht heilbaren formellen Fehler. Behebbar sind alle Mängel, die nicht den Kern der Abwägungsentscheidung betreffen. Die **Identität** des **BPlans** muss gewahrt bleiben.

# Rechtsschutz gegen BPläne

BPläne können **inzident** gerichtlich überprüft werden. Bei allen Einzelmaßnahmen (🔍Klage auf BauGen, Anfechtung BauOVfg) kann gerügt werden, dass der BPlan fehlerhaft und damit nichtig sei. Die Inzidentkontrolle wirkt nur zwischen den Verfahrensbeteiligten. Mit der **abstrakten Normenkontrolle** (§ 47 I Nr. 1 VwGO) wird der BPlan umfassend geprüft. Die gerichtliche Entscheidung ist allgemein verbindlich, sie wirkt nach § 47 V 2 Hs. 2 VwGO inter omnes.

## Abstrakte Normenkontrolle gegen BPläne

- Der **Verwaltungsrechtsweg** ist nach § 47 I Einls. VwGO eröffnet, weil der Vollzug des BPlans zu VAen führt, die auf diesem Rechtsweg anfechtbar oder erzwingbar sind.
- Der Antrag ist gem. § 47 I Nr. 1 VwGO **statthaft**, weil der BPlan gem. § 10 I BauGB als Satzung erlassen wird.
- **Antragsbefugnis** (§ 47 II 1 VwGO)
  - Kann sich aus dem **Abwägungsgebot** des § 1 VI BauGB ergeben. Jeder planbetroffene Bürger (nicht: Nachbargemeinde ⇦ § 2 II 1 BauGB) hat ein subj.-öff. Recht auf fehlerfreie Abwägung der eigenen Belange. Da die Möglichkeit der Rechtsverletzung reicht, ist die Beachtlichkeit des gerügten Mangels i.S.v. §§ 214, 215 BauGB hier noch unerheblich.
  - **„Jede Behörde"** ist restriktiv auszulegen, um „Behörden-Popularanträge" zu verhindern: die Behörde muss bei ihrer konkreten Aufgabenwahrnehmung den BPlan zu beachten haben.